JN261378

しくみ図解

断熱・防湿・防音が一番わかる

▶快適で環境にやさしい住居の実現方法

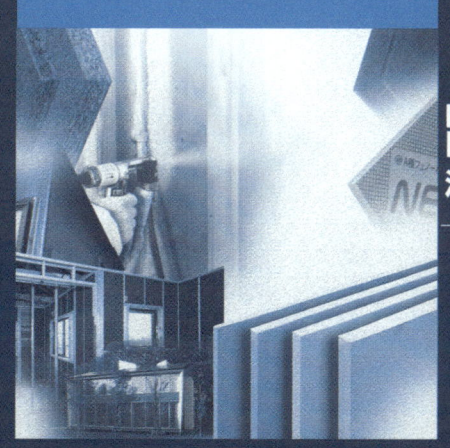

柿沼整三 [監修・著]
遠藤智行
荻田俊輔
山口温 [著]

技術評論社

はじめに

　地球温暖化を防ぐために、CO_2の排出量を削減することが、グローバルに推し進められています。そのため、建築業界でも、断熱強化をすることによりCO_2排出量削減に貢献しようとする取り組みが行われています。それぞれの国ごとにコンセンサスを得て基準を作り、さらに強化を進めています。そこで、本書は断熱の基礎となる要素を住居構成内容と関連付けながら、詳らかにするようにまとめています。

　断熱を軸としながら防音についても記述していますが、断熱材と吸音材は一般には同じものを用いています。また、エコハウスは断熱を十分にすることが共通していて、エネルギー使用量を最少化しようとしながら種々の試みをしています。

　つまり、断熱をやさしく学びながら、快適住居をどう作るかのヒントが本書には多く記載されています。手に取って気軽に断熱を学んでいただければ幸いです。

著者代表　柿沼 整三

断熱・防湿・防音が一番わかる
――快適で環境にやさしい住居の実現方法――

目次

はじめに……………3

第1章 快適な住居とは何か……………9

1 快適な部屋……………10
2 暖かさと寒さ……………12
3 緑陰の効果……………14
4 通風の確保……………16
5 日射・日照のコントロール……………18

第2章 断熱の基本的考え方……………21

1 断熱はどこでする?……………22
2 気密……………24
3 防湿……………26
4 熱伝導率……………28
5 熱伝達率……………30
6 熱貫流……………32
7 ヒートブリッジ……………34
8 断熱材……………36
9 遮熱と断熱の違い……………38
10 移動熱量……………40
11 Q値……………42

CONTENTS

第3章 断熱材料……………45

1 グラスウール……………46
2 ロックウール……………48
3 発泡プラスチック系断熱材……………50
4 天然素材系断熱材① 羊毛・羽毛……………54
5 天然素材系断熱材② 炭化コルク・木質繊維板……………56
6 天然素材系断熱材③ セルローズファイバー……………60
7 防湿気密シート……………62
8 透湿防水シート……………64
9 複層ガラス……………66
10 Low-Eガラス……………68
11 サッシ……………70

第4章 さまざまな断熱工法……………73

1 外断熱……………74
2 内断熱……………76
3 中断熱……………78
4 断熱補助……………80
5 ブローイング工法……………82
6 充填工法……………84
7 断熱防水……………86
8 内張り断熱……………88
9 外張り断熱……………90

10　通気層工法‥‥‥‥92

第5章　防湿‥‥‥‥95

1　乾燥空気‥‥‥‥96
2　湿り空気‥‥‥‥98
3　絶対湿度‥‥‥‥100
4　相対湿度‥‥‥‥102
5　結露‥‥‥‥104
6　外部結露‥‥‥‥106
7　内部結露‥‥‥‥108
8　防湿構造‥‥‥‥110
9　空気線図‥‥‥‥112
10　除湿‥‥‥‥114
11　加湿‥‥‥‥116
12　調湿剤‥‥‥‥118

第6章　防音‥‥‥‥121

1　音の伝わり方‥‥‥‥122
2　音の単位‥‥‥‥124
3　音の三要素‥‥‥‥126
4　距離と音の強さ‥‥‥‥128
5　騒音‥‥‥‥130
6　防音‥‥‥‥132
7　吸音‥‥‥‥134

CONTENTS

　8　遮音…………136
　9　防音材料…………138
　10　防音構造…………140
　11　太鼓現象…………142
　12　鳴竜現象…………144
　13　消音…………146
　14　音のマスキング…………148

第7章　シックハウス…………151

　1　シックハウス症候群…………152
　2　シックハウスの原因物質…………154
　3　シックハウス対策のための法規制…………156
　4　換気…………158
　5　24時間換気…………160
　6　VOC…………162
　7　Fスター…………164

第8章　エコハウス…………167

　1　環境共生住宅…………168
　2　省エネハウス…………170
　3　LCCM住宅…………172
　4　エクセルギーハウス…………174
　5　PLEA…………176

CONTENTS

　　6　バウビオロギーハウス…………178
　　7　ゼロエネルギーハウス…………180
　　8　スマートハウス…………182
　　9　自立循環住宅…………184
　　10　ソーラーハウス…………186

　　用語索引…………188

◆コラム｜目次

身の程を知る‥‥20
自然を楽しむ‥‥44
断熱で冷暖房運転を控える‥‥55
高気密高断熱でも開放生活‥‥58
適切な断熱材を選ぶ‥‥72
「足るを知る」エネルギー使用が浸透‥‥79
ヒートブリッジの何が悪い‥‥82
通気層は大きくしない‥‥84
ペアガラスは遮音に注意‥‥86
内断熱は安い‥‥94
断熱と防湿‥‥120
防音に隙間は大敵‥‥150
ケースに応じたアレルギー対策を‥‥166
エコは楽ではない‥‥187

第1章

快適な住居とは何か

住居のデザインはさまざまな提案がされています。
本章では、デザインとは別に、
快適性を確保するための基本性能を掲げながら、
快適な住居のための基礎になる考え方を紹介します。

1-1 快適な部屋

●室内温度の要素

人間の温熱感覚には、図1-1-1に示すように、気温・湿度・放射温度・気流速度の環境側の4つの要素と代謝量（活動に伴い生産される熱量）・着衣量（着衣による熱抵抗量）の人間側の2つの要素が大きく影響します。これらを温熱環境の6要素とよびます。

人間は気温や壁面との対流・放射による熱の授受、発汗や呼吸の蒸発による熱放散などを行うことで、周辺環境と熱移動を行っています。

●温度のバリア

年間の家庭内事故での死者総数は、1万2873人です（厚生労働省2009年）。同年の交通事故による死者が7309人なので、その数が非常に大きいことがわかります。特に、その70%以上が65歳以上の高齢者です。

このような背景のもと、建物内のバリア（障害）フリー化が進められていることは承知の通りです。これらの他にも、高齢者にとってとても大きなバリアがあるのです。それが温度です。このように住宅内の温度差による健康障害をヒートショックとよびます。

ヒートショックによる死者を出さないためにも、住宅内での温度のバリアフリーが望まれています。各国の浴室暖房の有無を見てみると（図1-1-2）、欧州では浴室に暖房が設置されている住宅の比率が高いが、日本ではまだ少ないのが現状です。人々が安心して生活できるように、住宅内に極端に温度の低い空間を作らないように気をつけましょう。

●室内空気の質

室内空気を汚染する物質は数多くありますが、建築やビル管理の観点から重要な要素としては、二酸化炭素（CO_2）、一酸化炭素（CO）、浮遊粉じん、ホルムアルデヒド（HCHO）の4つがあげられます。

建築物環境衛生管理基準ではこれらの物質の許容濃度を表1-1-1のように定めています。二酸化炭素の許容濃度は健康影響を及ぼすレベル（数％）とはかなり異なりますが、室内の汚染状況を総合的に判断する指標として用いられています。二酸化炭素が増えれば、臭いやふけ、衣服に付着していた汚染質なども多く存在していると考えられているためです。

図1-1-1　人体の温熱感に影響を及ぼす要素

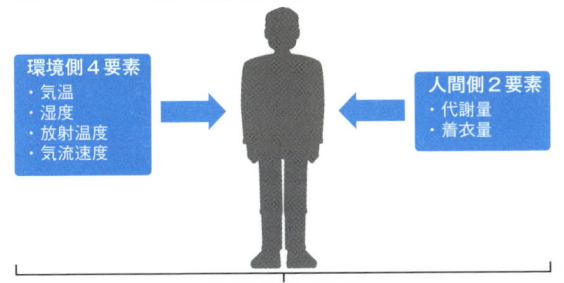

環境側4要素
・気温
・湿度
・放射温度
・気流速度

人間側2要素
・代謝量
・着衣量

温熱環境の6要素

図1-1-2　各国の浴室暖房の有無

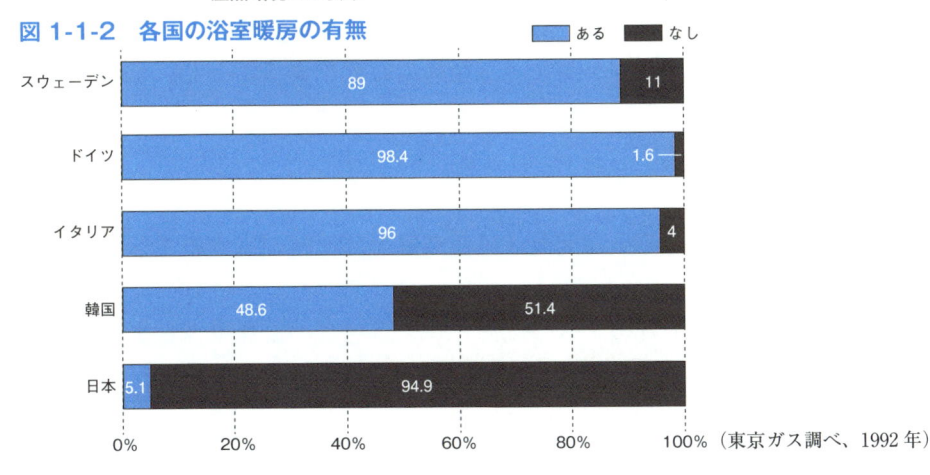

国	ある	なし
スウェーデン	89	11
ドイツ	98.4	1.6
イタリア	96	4
韓国	48.6	51.4
日本	5.1	94.9

（東京ガス調べ、1992年）

表1-1-1　建築物環境衛生管理基準の許容濃度

物質	許容濃度
二酸化炭素（CO_2）	1000ppm（=0.1％）
一酸化炭素（CO）	10ppm（=0.001％）
浮遊粉じん	0.15（mg/㎥）
ホルムアルデヒド	0.1（mg/㎥）（≒0.08ppm）

1・快適な住居とは何か

1-2 暖かさと寒さ

●ひなたぼっこ

「ひなたぼっこ」や「日光浴」など、日本では、このような言葉があるように、陽だまりの暖かさを楽しむ習慣があります。太陽光を浴びることは植物にとっては光合成の上で重要な意味を持ちますが、人間にとっても太陽光に含まれる紫外線により骨や歯の形成に必要なビタミンDの生成を行うなど、適度な日光浴は健康維持の上で有効と考えられています。

しかし、過度に太陽光を受けると、日射病を引き起こし、日焼けも度を過ぎると皮膚炎を引き起こします。

太陽光は図1-2-1に示すように、紫外線、可視光線、赤外線を含んでいます。この赤外線は熱線ともよばれ、熱線を住居で利用する考えによって暖かさを得ることになります。これを省エネ上積極的に利用することで、エコハウスの多くができています。

●魔の5時

天気予報でいっている最高気温と最低気温とは何時の気温のことでしょうか？

図1-2-2に東京の11月の1日の気温と全天日射量の変化を示します。年間の変化と似ていて、全天日射量が最大になるのは正午12時ですが、気温が最も高くなるのは14時頃となります。

また、気温が最低になるのは、日の出前の朝の5時～6時頃となります。この時間は当然、室内の気温も低くなっています。特に、冬の早朝はとても気温が低いため、注意が必要です。高齢者の方には早朝にトイレに行く方も多いと思います。暖かい布団から出て、非常に気温の低い時に、暖房の設置されていないトイレで下半身を露出して力んだり、熱を放出したりすることによって、脳卒中を引き起こす危険があります。これもヒートショックの一つで、家庭内での要注意事項です。

図 1-2-1 太陽光の波長とエネルギー

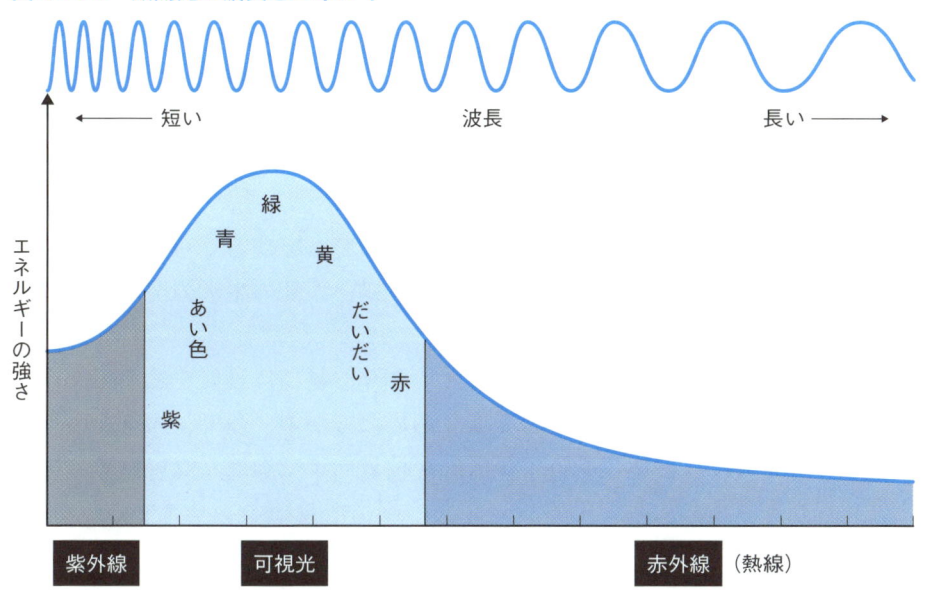

図 1-2-2 1日の気温と全天日射量の変化（東京、11月）

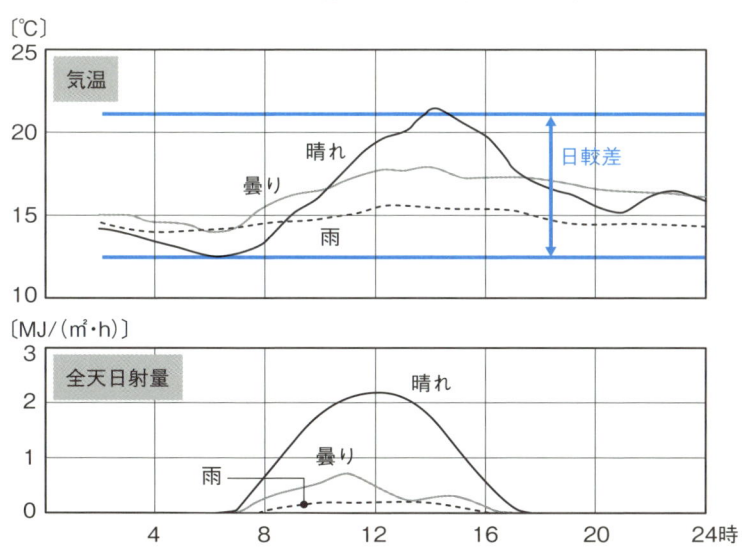

1．快適な住居とは何か

1-3 緑陰の効果

●緑陰による外構計画

　人間の生活や建築計画にとって緑は非常に重要な要素となっています。近年では緑化への意識も高くなっていますが、緑と人間の生活の関わりについて、少し見直してみましょう。

　建物の南側に大きな樹木を植えることにより、夏には日射を遮る工夫は古来より行われています。冬は日射を取り込めた方がよいので、大きな落葉樹が適します。また、樹木によって日射熱が地表面まで到達しないため、樹木を列状に植樹することで、心地よい空間の創出が可能となります。しかも、木陰と樹雨により冷気が溜まっているため、この空間（クールスポット）を通ってきた空気は温度上昇が抑えられ、通風で室内に取り込むには絶好の空気となります（図1-3-1）。

　また、北側の樹木は冬の北風防止や日射を建物側へ反射させる効果もあります。最近では、建物壁面や屋根面を植物で覆うグリーンカーテンの使用がよく見られます（図1-3-2）。室内を日陰にするのであれば、よしずでもよいですが、緑化をすることでもう1つ大きな効果が得られます。植物は水分を多く含み、この水分の蒸発に日射熱が使用されているのです。

●緑陰の効果

　緑には他にもいくつかの効果があります。地球温暖化が問題になっている近年では光合成により二酸化炭素を固定し、酸素を放出する効果が注目され、多くの植樹が行われています。その他にも空気中のいくつかの化学物質のフィルターとして機能しています。

　また、窓付近に設置することで、風の向きを変え、ウインドキャッチャーの効果を果たすことも可能です。その他、地上や地下の生態系を維持する効果や、竹などは湿度を整える効果もあります。何より、生活の中に緑があるだけで心がやすらぐという人もいるでしょう。実は、緑被率が増加すること

によって、人のやすらぎ感が向上するという研究結果も発表されているのです（図 1-3-3）。

図 1-3-1　緑陰による外構計画例

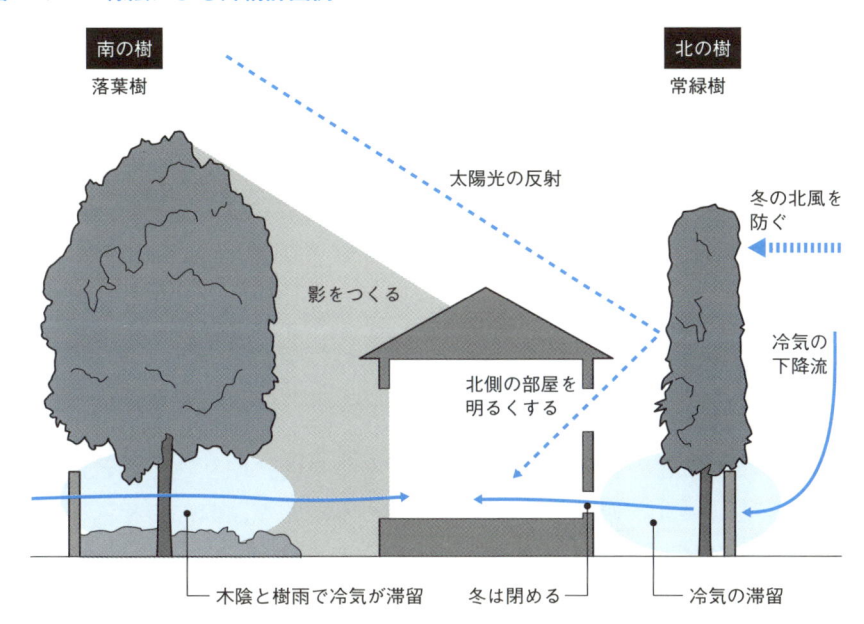

南の樹　落葉樹
北の樹　常緑樹

太陽光の反射
冬の北風を防ぐ
影をつくる
冷気の下降流
北側の部屋を明るくする
木陰と樹雨で冷気が滞留
冬は閉める
冷気の滞留

図 1-3-2　建物緑化の例

図 1-3-3　緑陰とやすらぎ

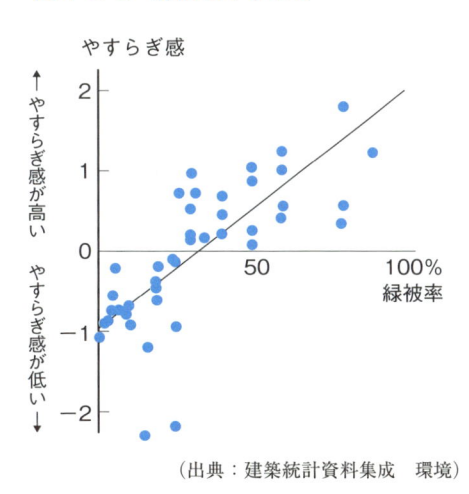

やすらぎ感
←やすらぎ感が高い　やすらぎ感が低い→
緑被率

（出典：建築統計資料集成　環境）

1-4 通風の確保

●通風を上手に取り込む

　古来より日本の住宅は夏の暑さをしのぐために、通風を積極的にとれるように計画されていました。住宅では開口部を大きく取り、多くの気流を室内に迎え入れた生活を行っていました。通風により室内の空気を綺麗に維持し、気流を浴びることで快適感を得ていました。近年では、周辺環境の変化に伴い、近隣からの視線や音の問題などが発生し、窓を開けての生活スタイルも変わってきました。また、土地の利用形態も変化し、密集住宅地が増えてきました。このような場所では窓を開放しても、自分の家になかなか風が吹いてこないという問題も生じています。

　このような中でどのようにしたら、通風を効果的に取り込むことができるか考えてみましょう。通風を確保するための基本的な開口部の配置は、風が吹いてくる方向に窓を設け、その反対側にも窓を設けることです（図1-4-1）。このときに室内間の扉などを閉めてしまうと、効果が低下しますので、扉の上に欄間を設けることで、プライバシーを確保しながら、通風経路も確保することができます。

　また、従来から日照確保用に使われていたトップライト（天窓）やハイサイドライト（頂側窓）も近年では通風量確保のために利用されてきています。下方にある窓とトップライトなどの上方にある窓のように、高低差のある開口を組み合わせることで、空気は上下に動きます。

●ウインドキャッチャー

　大きな窓を設けても、住宅地のように他の家がある場合には、風は窓の前を横切る形で通り抜けてしまいます。これでは、せっかくの窓も活きてきません。このようなときには、流れる風を捕まえて室内に取り込む工夫が必要です。これをウインドキャッチャーといいます。

　図1-4-2のように、開口部の開き方次第では横方向に流れる風を捉えるこ

とができます。樹木などを開口部付近に置くことで、同様の効果が得られます。

図 1-4-1　通風経路の確保

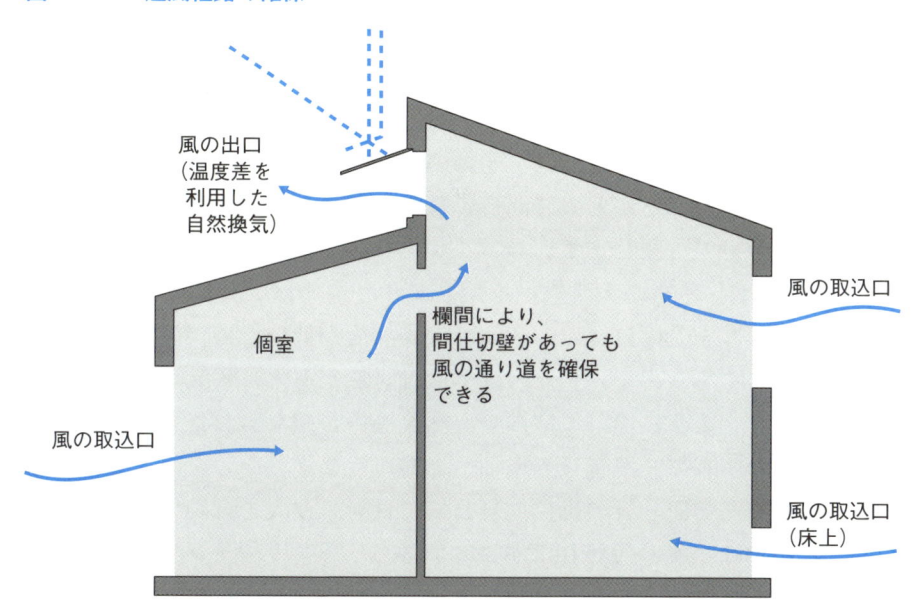

風の出口
（温度差を
利用した
自然換気）

個室

欄間により、
間仕切壁があっても
風の通り道を確保
できる

風の取込口

風の取込口

風の取込口
（床上）

図 1-4-2　ウインドキャッチャーの効果

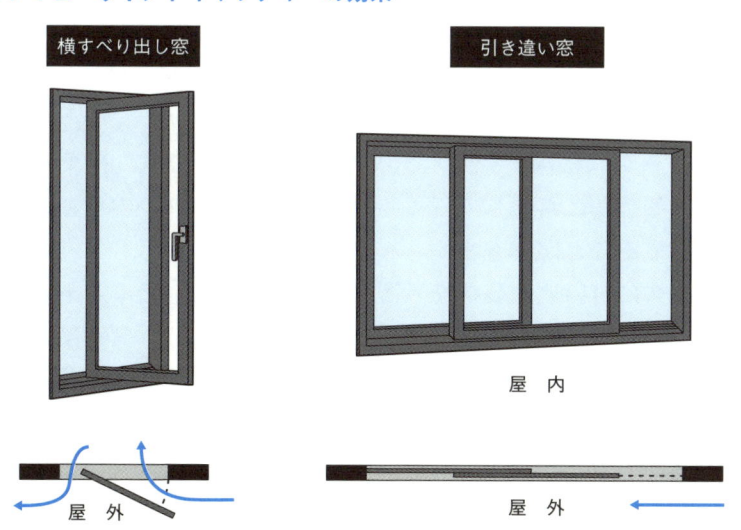

横すべり出し窓

引き違い窓

屋内

屋外

屋外

1-5 日射・日照のコントロール

●太陽高度と日射・日照

　太陽の位置や高度を知ることは、建物の平面計画・断面計画を行う上で非常に大切です。どの部屋がどの時間帯に日照を必要とするか、ライフスタイルを長期的に考えて計画します。

　図 1-5-1 に夏季、冬季の太陽高度を示します。夏季は太陽高度が高いため、前方の建物の影響を受けにくく、冬季は太陽高度が低いため、前方の建物の影響を受けやすくなります。また、夏季は日射熱が室内に侵入すると室内温度が上昇します。これに伴い、室内の温熱快適性が損なわれたり、冷房の負荷が増加してエネルギー消費量の増加へと繋がります。そのため、夏季には図のように簾などを庇・軒の出に設置して、日射の侵入を抑制することが大切です。最近では、簾の代わりに植物によるグリーンカーテンで日射侵入を抑制する試みも見られます。グリーンカーテンの場合には、日射熱が植物内の水分蒸発に利用されることで、窓面に到達する熱量を少なくする効果もあります。冬季は日射を積極的に室内に取り込むことにより、温熱快適性の向上と暖房負荷の削減（省エネルギー）を目指しましょう。

●樹木とブラインドによる日照・日射のコントロール

　日射のコントロールには図 1-5-2 のように落葉樹も有効です。落葉樹は夏季に日射を遮り、冬季には落葉して日差しをそれほど遮らないので、室内の快適性向上に役立てることができます。

　また、室内ガラスに日射遮蔽装置を設置することで、日射のコントロールが可能となります。代表的な例はブラインドです（図 1-5-3）。ブラインドは室内に取り付けた場合には、ガラスのみに比べて、約 30% 程度の日射遮蔽の効果があります。

　もっと効果が高いのが、ブラインドを外に取り付ける方式です。この場合にはガラスのみに比べて、約 60% の日射遮蔽効果があります。日射・日照

は日射遮蔽を考慮に入れながら、必要な時に必要な室に供給できるように計画しましょう。

図 1-5-1　庇・軒による日射調整

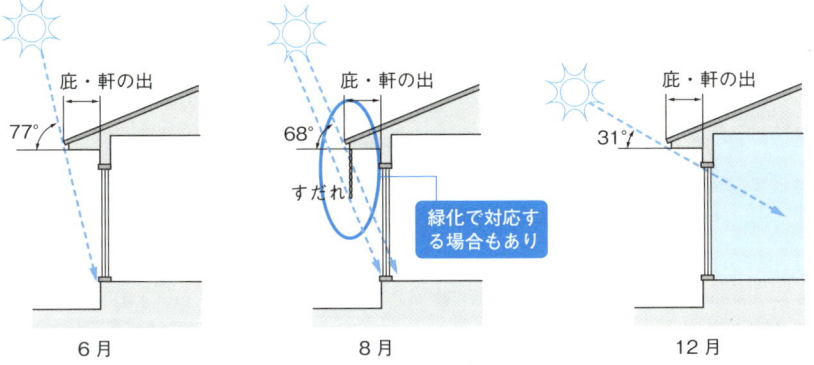

6月 / 8月（すだれ、緑化で対応する場合もあり） / 12月

図 1-5-2　樹木による日射調整

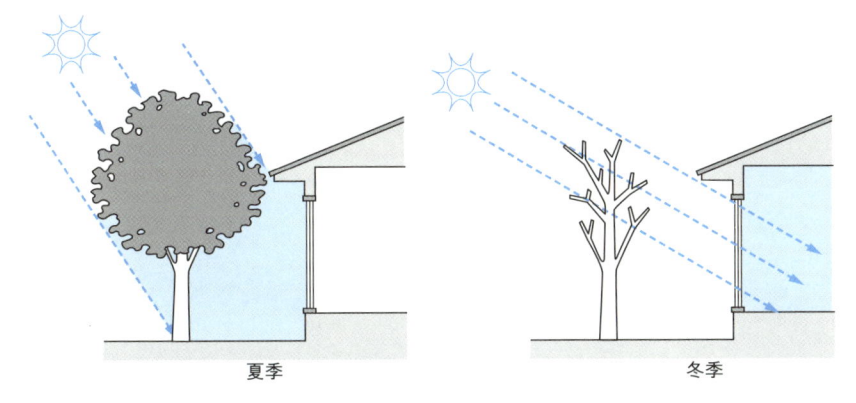

夏季 / 冬季

図 1-5-3　ブラインドによる日射遮蔽効果

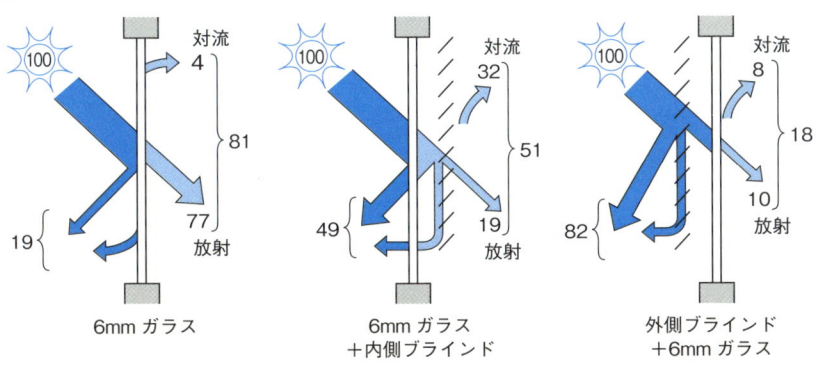

6mm ガラス / 6mm ガラス＋内側ブラインド / 外側ブラインド＋6mm ガラス

> 💬 **身の程を知る**
>
> 　省エネルギーを進めるにあたり、住まいの快適性を維持しながら、検証、検討が進められてきました。
>
> 　かつて、省エネルギーの割合をさらに求められたとき、この快適性に手を付けた発言をしたことがあり、学会の大御所から大目玉を食らったことも。
>
> 　エネルギー使用を省エネルギー手法で抑制するより簡単に効果が得られるのは、利用者の協力を得ることが一番よいと思います。これを「環境行動による省エネルギー効果絶大」と公言するようになり、賛同が集まりました。
>
> 　さらに、東日本大震災後は環境行動に「身の程を知る」考え方が次第に伝わり始まっています。

第2章

断熱の基本的考え方

断熱の方法や表示についての理解を深め、
基本的な考え方を確立させることがねらいです。
本章を理解すれば、その後の各章の理解を
容易にしてくれます。

2-1 断熱はどこでする？

●断熱により快適な温度へ

　人間が快適に生活できる室内温度範囲は夏に少し高くなり、冬に少し低くなるものの一年間を通して、ある幅を持って概ね一定となっています。図2-1-1のうすい色網で塗ってある部分がその温度変化に該当します。

　それに対して外気温は夏は高く、冬は低くなり、年間を通して大きく波打っています。何も対策をしないと人間の快適範囲の温度と外気温は夏と冬に大きな隔たりが生じてしまいます。

　この外気温の波を人間の快適温度範囲に近づけるために、まず最初に取り組むべきことが建築的手法（パッシブ）による対策です。この手法の中で大きな役割を担っているのが断熱になります。建物をしっかり断熱することで、夏は外部からの熱の侵入を断ち、冬は外部への熱の漏出を防ぎます。人間が寒い冬にジャンパーやコートを着て、体の熱を外に逃がさないようにすることと同じことです。これらの建築的手法に建築設備（アクティブ）を用いることにより、より人間の快適温度範囲に近づくようにします。

●住宅で断熱すべき部位

　住宅で断熱すべき場所は外部との熱のやりとりを行う部位です。図2-1-2に示すように屋根や天井、外壁、床、窓がこれに該当します。屋根や天井は夏の強い日射を受けて天井面の温度が非常に高くなったり、冬に天井付近が冷えると冷たい空気が下降して不快感を生じさせたりするため、断熱材の厚さは他の部位よりも厚くなります。

　また、窓のガラス面や建具から、冬に逃げる熱量は家全体の1/3程度にもなるので、窓ガラスにおいても冬は熱を逃がさず、夏は日射を遮る工夫が必要となります。これらの窓ガラスについては第3章で紹介しています。建物を外から断熱材で覆ってしまう外断熱工法など、断熱にはいくつかの種類や工法がありますが、これらについては第4章をご覧ください。

図 2-1-1　建築的手法と建築設備による気温の変化

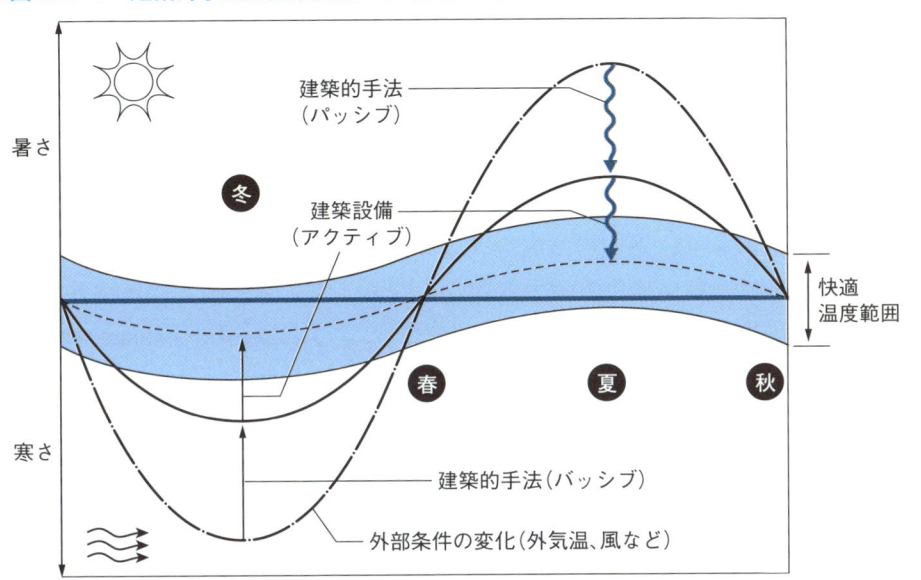

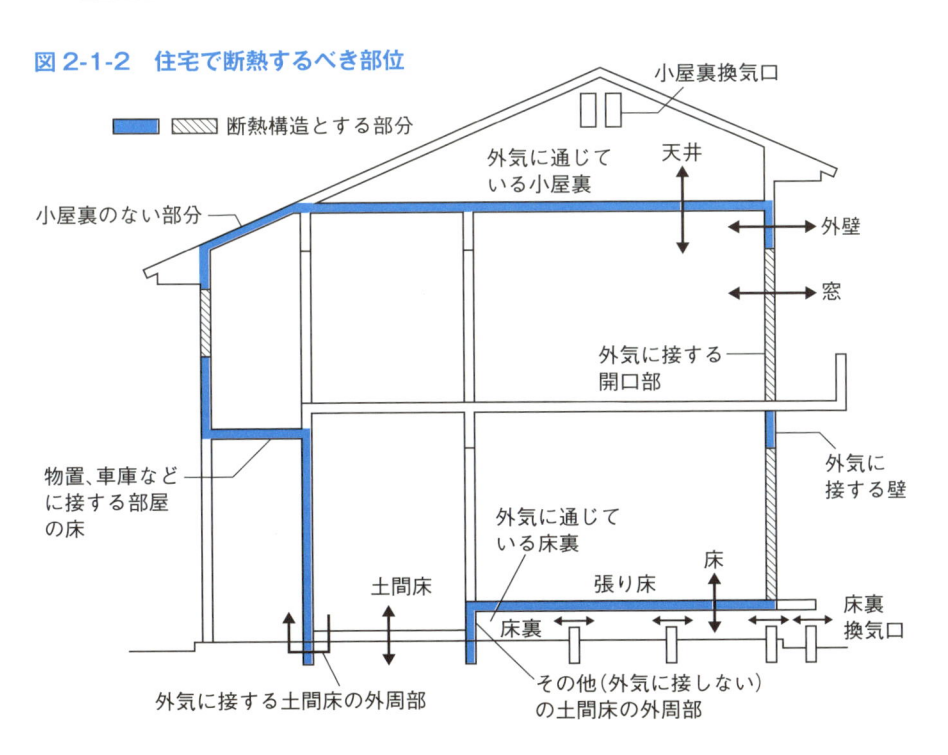

図 2-1-2　住宅で断熱するべき部位

2-2 気密

●気密化による相乗効果

　建築的手法により、室内の気温を人間の快適範囲付近にまで近づけるためには、断熱のほかに気密性も重要な要素となります。気密性とは建物外皮の隙間の多少の度合いのことで、気密性が低いというのは建物の隙間が多いことを示します。気密性が低い住宅だと内外の環境の状況により、隙間風が発生し、冬には室（建物）下部から冷たい外気が侵入し、室（建物）上部から室内空気が漏出する現象が発生してしまいます。これにより温熱快適性が乱されるのみでなく、空調エネルギーもロスすることになります。また、気密性を高めることは、次の4つの効果に繋がると考えられます（表2-2-1）。

①隙間風による熱損失を少なくし、暖房・冷房の効果を高める。
②外気が壁体内部に侵入することを防ぎ、断熱効果を高める。
③壁体内部への湿気の侵入を防ぎ、結露を防止する。
④意図しない箇所からの外気の侵入を防ぎ、必要な場所へ必要な量の外気が供給されるよう計画的に換気を行う。

これらの②〜④については、第3章以降で詳しく紹介します。

●気密性の求め方

　気密性は相当隙間面積（C値）という指標で表せます。相当隙間面積とは建物外皮の隙間の合計値を延床面積で除したものに相当し、この数値が小さいほど気密性が高いことを示します。

　隙間量は設計図から計算することができないので、通常は図2-2-1に示すような気密性能測定装置を用いて計測を行います。この装置の送風機で室内の空気を外に排出すると、それに応じて建物の隙間から外気が侵入してきます。そのときの送風機流量と建物内外差圧の関係から隙間量を求めることができます。この測定方法はJIS A2201-2003 送風機による住宅等の気密性能試験方法に規定されていますので、詳細はそちらをご覧ください。

表 2-2-1　気密化による効果

気密性の効果	気密性が低い場合	気密性が高い場合
①　漏気による熱負荷を削減		
②　断熱材の断熱効果を補完		
③　繊維系断熱材では防湿も兼ねる		
④　計画換気の前提条件の1つ		

2・断熱の基本的考え方

図 2-2-1　気密性能測定装置

（写真提供：㈱アセットフォー）

2-3 防湿

●防湿の意義

2章では、主に熱に関連する項目について取り扱いますが、気密・断熱とともに建物にとって重要な対策の1つに防湿があげられます。詳しくは5章で述べますが、湿気（水蒸気）も熱と同様に室内で発生し、建物内を移動する要素です。湿気を扱う中で、私たちが最も注意をしなければならないのが、建物内で発生する結露です（図2-3-1）。

結露とは空気中に含まれている水蒸気（気体）が水滴（液体）になってしまう現象のことです。ガラス表面に水滴がつくのを経験したことのある人も多いと思います。これは結露の一種です。室内の壁面に結露が発生してしまうと、カビやダニの増殖を引き起こす原因になってしまいます。

また、結露にはこのように目に見える現象の他に表面に現れない現象があります。表面に出てこない結露は内部結露といい、壁体内などで起こります。これにより、部材の劣化や腐朽を引き起こしてしまう危険性があります。結露は断熱とも関係しますので、2章から4章まで断熱について述べた後に5章で防湿に必要な知識と結露の発生メカニズムなどを説明します。健康で安全な生活を送るためには、結露の発生をしっかりと防止することが重要です。

●カビ・ダニと湿度

室内の結露はカビやダニの増殖とも密接な関係を持っています。表2-3-1はカビやダニの増殖に適する温度・相対湿度の範囲です。相対湿度が高くなるにつれて、広い温度範囲で増殖することになります。

結露が発生するとカビが発生し、このカビを餌とするダニの増殖を誘発します。また、ダニの死骸にカビが発生することで、カビとダニがどんどん増殖していくことになってしまいます。

カビやダニが原因となって健康を損なう（気管支喘息、アレルギー疾患、アトピー性皮膚炎など）危険性があるため、室内の湿度環境、特に結露発生

には注意が必要です。

図 2-3-1 結露による被害例（左：窓ガラス、右：押し入れ）

（写真提供：NPO 法人日本健康住宅協会）

表 2-3-1 湿度・温度とカビの関係

湿度と温度	
湿　度	温　度
カビは建材中と空気中の両方の水分を利用して増殖する	カビの成長に適した温度は 20℃～30℃

湿度とカビ増殖の関係				
湿度	0%	55%	65%	75%　　　　　　100%
生え方	生えない	生えにくい	生える	よく生える
増え方	増えない	増えるのが遅い　　　　　　→		増えるのが早い
生える種類		種類：少　　　　　　　　　→		種類：多

温度とカビ増殖の関係				
温度	5℃	20℃	30℃	37℃
生え方	生えにくい	よく生える	生える	ほとんど生えない

（神奈川県保健福祉局生活衛生部環境衛生課ホームページより）

2・断熱の基本的考え方

2-4 熱伝導率

●熱伝導率の求め方

　お湯を沸かしているやかんに手を触れると、とても熱く感じます。また、氷を手のひらに載せると、暖かい手から氷へと熱が伝わって氷の温度が上昇し、次第に溶けていきます。このように、熱が固体（手、やかんなど）の中を移動する現象を熱伝導といいます（図2-4-1）。

　熱は固体の中を温度の高い側から温度の低い側へと流れていきます（図2-4-2）。夏の暑い日に室内の気温よりも屋外の気温が高いと屋外から室内へと壁の中を熱が流れていくことになります。冬はその逆になります。このとき、流れる熱量(q)は下記の式であらわすことができます。

$$q = \frac{\lambda}{d}(t_1 - t_2) [W/m^2]$$

λ（ラムダ）：熱伝導率$[W/(m \cdot K)]$、d：材料の厚さ$[m]$、
t_1：1側の表面温度$[℃]$、t_2：2側の表面温度$[℃]$

　式からもわかるように、温度差が大きいほど、多くの熱量が流れます。また、固体が厚いほど、流れる熱量は少なくなります。式中のλを熱伝導率（単位：$W/(m \cdot K)$）といい、その固体の熱の流れやすさを表します。

●各種材料の熱伝導率の特徴

　建築材料としてよく利用されるコンクリートは熱伝導率が1.6（$W/(m \cdot K)$）程度（表2-4-1）。木材の熱伝導率が0.15（$W/(m \cdot K)$）程度なので、コンクリートは木材よりも約10倍も熱が流れやすい材料となります。鋼やアルミニウムは熱伝導率がさらに大きくなっています。

　熱伝導率が0.1以下のものは断熱材とよばれ、保温や断熱に使用されています。空気の熱伝導率は断熱材と同じくらいとても小さいですが、水は熱伝導率が木材の約4倍あり、熱が流れやすいです。全体的には密度が大きくて重い物質ほど、熱伝導率も大きく、熱が流れやすくなる傾向があります。

図 2-4-1　熱伝導の考え方

図 2-4-2　熱伝導による熱の移動

熱伝導 ＝ 熱が個体の中を移動する現象

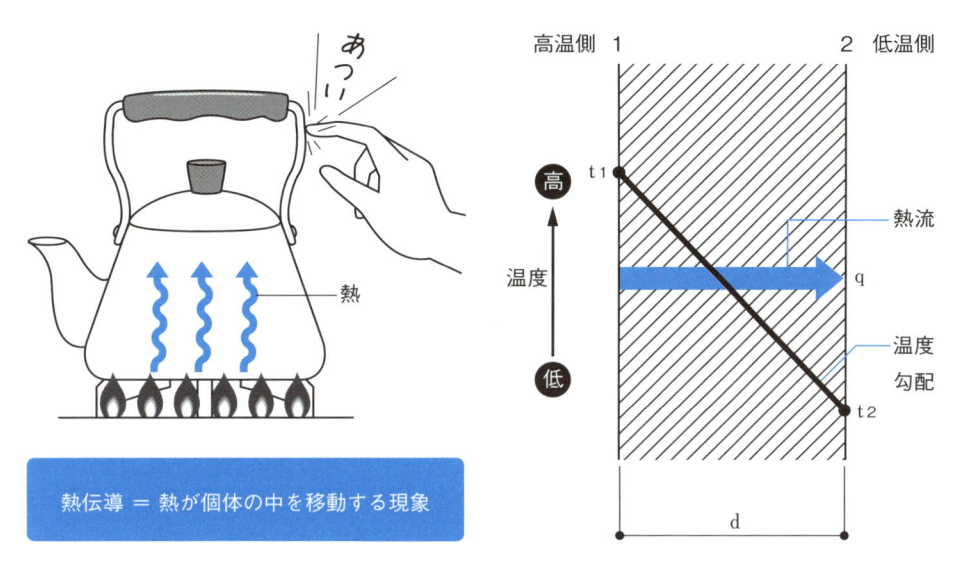

表 2-4-1　各種材料の密度と熱伝導率の関係

材料	密度[kg/m³]	熱伝導率[W/(m・K)]
鋼	7830	53
アルミニウム	2700	200
コンクリート	2400	1.6
水	998	0.6
せっこうボード	710〜1110	0.22
パーティクルボード	400〜700	0.15
木材	550	0.15
たたみ	230	0.11
グラスウール	10〜35	0.036〜0.052
ポリスチレンフォーム	15〜27	0.028〜0.043
空気	1.3	0.022

2・断熱の基本的考え方

断熱材

2-5 熱伝達率

●固体表面・流体間での熱のやりとり＝対流熱伝達率

夏の暑い日に火照った顔を団扇で扇いだり、扇風機からの気流にあてるととても涼しく感じます（図2-5-1）。これは気流が顔の表面から熱を奪っていくためです。このように固体表面と流体との間での熱のやり取りを対流熱伝達といいます。

冬の寒いときに冷たい窓ガラスから室内の空気に熱が伝わることで、窓ガラス付近の空気が重くなり降下し、床付近を流れる現象をコールドドラフトとよびますが、このように壁体（固体）表面と空気（流体）の間で温度差により熱移動が生じる現象を、特に自然対流熱伝達といいます。

これに対し、団扇で扇いだりして発生した気流と顔（固体）表面で生じる熱移動現象を強制対流熱伝達といいます。

対流による熱移動 q_c は下記の式で表すことができます。

$$q_c = a_c(t_f - t_s) \,[\mathrm{W/m^2}]$$

a_c：対流熱伝達率 $[\mathrm{W/(m^2 \cdot K)}]$、$t_s$：壁体表面温度 $[\mathrm{℃}]$、t_f：周囲の空気温度 $[\mathrm{℃}]$

式中の係数 a_c を対流熱伝達率とよび、室内側壁面では $4\,[\mathrm{W/(m^2 \cdot K)}]$、屋外側壁面では $18\,[\mathrm{W/(m^2 \cdot K)}]$ が一般に用いられます。

●物体表面間での赤外線のやりとり＝放射熱伝達率

太陽の陽射しにあたると暖かく感じ、日陰に入ると涼しく感じます。これは太陽から放出されている赤外線を我々が受け取っているか、障害物により遮断されてしまっているかの違いによるものです（図2-5-2）。このように、物体表面間での赤外線のやり取りによる熱移動を放射熱伝達といいます。

建築では表面温度 t_s $[\mathrm{℃}]$ の物体と t_f $[\mathrm{℃}]$ の空気との間での放射による熱量 q_r を、放射熱伝達率 $a_r\,[\mathrm{W/(m^2 \cdot K)}]$ を用いて、次の式で表すことができます。

$$q_r = a_r(t_r - t_s) \,[\mathrm{W/m^2}]$$

●表面熱伝達率とは

対流熱伝達率と放射熱伝達率をあわせて表面熱伝達率といいます。一般に建築の外壁面では23[W/(㎡・k)]、内壁面では9[W/(㎡・k)]が使用されています（表2-5-1）。物体表面温度と空気温度との差に表面熱伝達率を乗じることで、熱伝達による熱移動量を求めることができます。

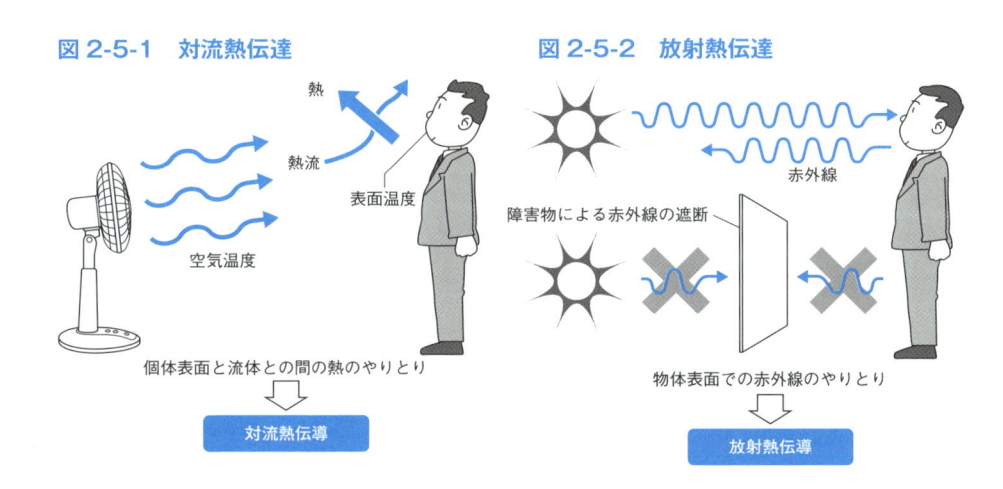

図 2-5-1　対流熱伝達

図 2-5-2　放射熱伝達

表 2-5-1　外壁面と内壁面の熱伝導率

	対流熱伝達率	放射熱伝達率	表面熱伝達率
外壁面	18	5	23
内壁面	4	5	9

熱伝達率の単位はいずれも [W/(㎡・K)]

2・断熱の基本的考え方

2-6 熱貫流

●熱貫流の求め方

熱は熱伝導、対流熱伝達、放射熱伝達の3つのプロセスにより移動します。図 2-6-1 のように建物の壁面では屋外側での表面熱伝達（対流と放射）・壁内の熱伝導・室内側での表面熱伝達（対流と放射）という現象により熱が移動します。この一連の流れを熱貫流とよびます。図 2-6-2 のように、ある建物の室温が t_i [℃]、外気温が t_o [℃] であった場合、貫流によってこの壁を流れる熱量 qK [W/㎡] は熱貫流率 U [W/(㎡・K)] を用いて、下の式で表すことができます。

$$q_k = U(t_i - t_o) \ [W/㎡]$$

●貫流による熱移動の考え方

貫流の考え方は図 2-6-2 のように電気のオームの法則に例えるとわかりやすくなります。オームの法則における電圧、電流、電気抵抗がそれぞれ、熱貫流における内外温度差、熱流、熱貫流抵抗となります。熱貫流抵抗は熱貫流率の逆数ですので、熱貫流抵抗を用いると上式は下式のように表せます。

$$q_U = \frac{1}{R}(t_i - t_o) \ [W/m^2]$$

電気回路における電気抵抗は回路内のそれぞれの抵抗 r の和となります。熱貫流抵抗も同様に、熱伝達と熱伝導におけるそれぞれの抵抗の総和が熱貫流抵抗 R となります。熱伝達における抵抗は表面熱伝達率の和の逆数となります。熱伝導における抵抗は熱伝導率の逆数に材料の厚さを乗じたものとなります。複数の部材で構成されている壁の場合には、それぞれの部材において、熱伝導率の逆数とその部材の厚さを乗じた物がその部材の熱伝導抵抗となります。これらを式で表すと下のようになります。

$$R = r_i + r_1 + r_2 + \cdots r_n + r_o = \frac{1}{a_i} + \sum_n \frac{d_n}{\lambda_n} + \frac{1}{a_o} \ [(㎡・k)/W]$$

a_i:内壁面表面熱伝達率［W/(㎡・K)］、a_o:外壁面表面熱伝達率［W/(㎡・K)］、d：部材の厚さ［m］、λ：熱伝導率［W/(㎡・K)］、添字のnは壁を構成する部材の数を意味します。

図 2-6-1　貫流による熱移動

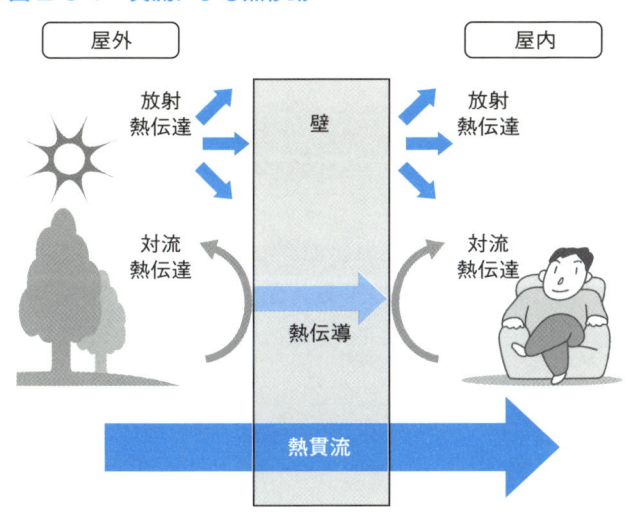

図 2-6-2　熱貫流とオームの法則

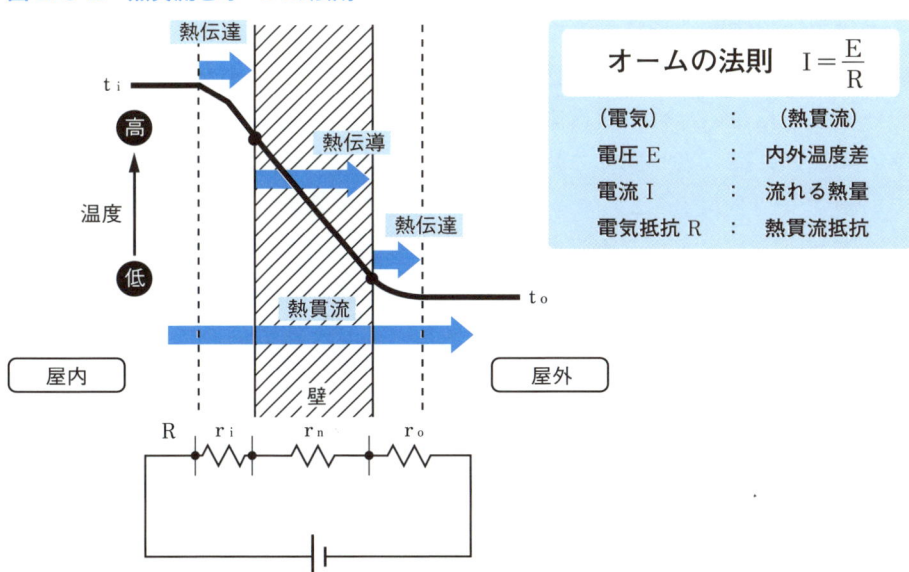

オームの法則 $I = \dfrac{E}{R}$	
（電気）	（熱貫流）
電圧 E	内外温度差
電流 I	流れる熱量
電気抵抗 R	熱貫流抵抗

2-7 ヒートブリッジ

●結露の原因にもなるヒートブリッジに注意

壁面の断熱性をどれだけ高めても、図 2-7-1 のように壁体内に熱伝導率の大きい鉄骨やボルトなどがあった場合には、この部分を通じて熱が移動してしまいます。このように局部的に熱を通しやすい部分をヒートブリッジ（熱橋）といいます。

冬季には局部的な低温の領域が生じてしまい、結露しやすくなってしまいます。特に、鉄骨を使用している軽量鉄骨系の工業化住宅では、ヒートブリッジ部で多くの熱損失が発生してしまいます。また、壁が直交する隅角部も熱移動量が多く、ヒートブリッジとなります。これは、室内側壁面の表面積に比べて、屋外側壁面の表面積が大きいことにより、多くの熱移動が発生するためです。

●実質熱貫流率の求め方

先述の熱貫流率の計算方法を用いれば、各部位断面の熱貫流率の計算が可能となります。しかし、柱や梁などのヒートブリッジ部があると、部位断面が一様とならないために熱貫流率の補正が必要となります。省エネルギー基準の解説書には、当該部位の熱貫流率を補正するための熱橋係数が定められています（図 2-7-2）。このような部位を含んでいる断面の熱貫流率は実質熱貫流率といい、下式で求めることができます。

$$U = \beta U_A \ [W/(m^2 \cdot k)]$$

ここで、U は実質熱貫流率 $[W/(m^2 \cdot K)]$、β は熱橋係数です。熱橋係数は熱橋の種類によって異なります。U_A は断面が異なる部分の面積加重平均によって求めた平均熱貫流率 $[W/(m^2 \cdot K)]$ といい、下式で求められます。

$$U_A = \frac{\sum_i U_i A_i}{\sum_i A_i} \ [W/(m^2 \cdot K)]$$

ここで、U_i は部分 i の通常の熱貫流率、A_i は部分 i の面積を表します。

図 2-7-1　ヒートブリッジ

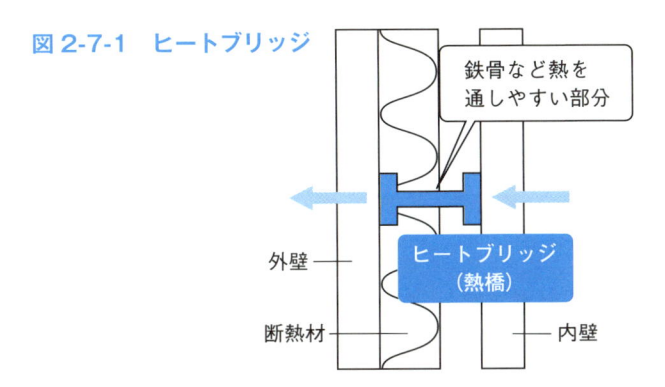

図 2-7-2　熱橋係数の例（スチールハウスの場合）

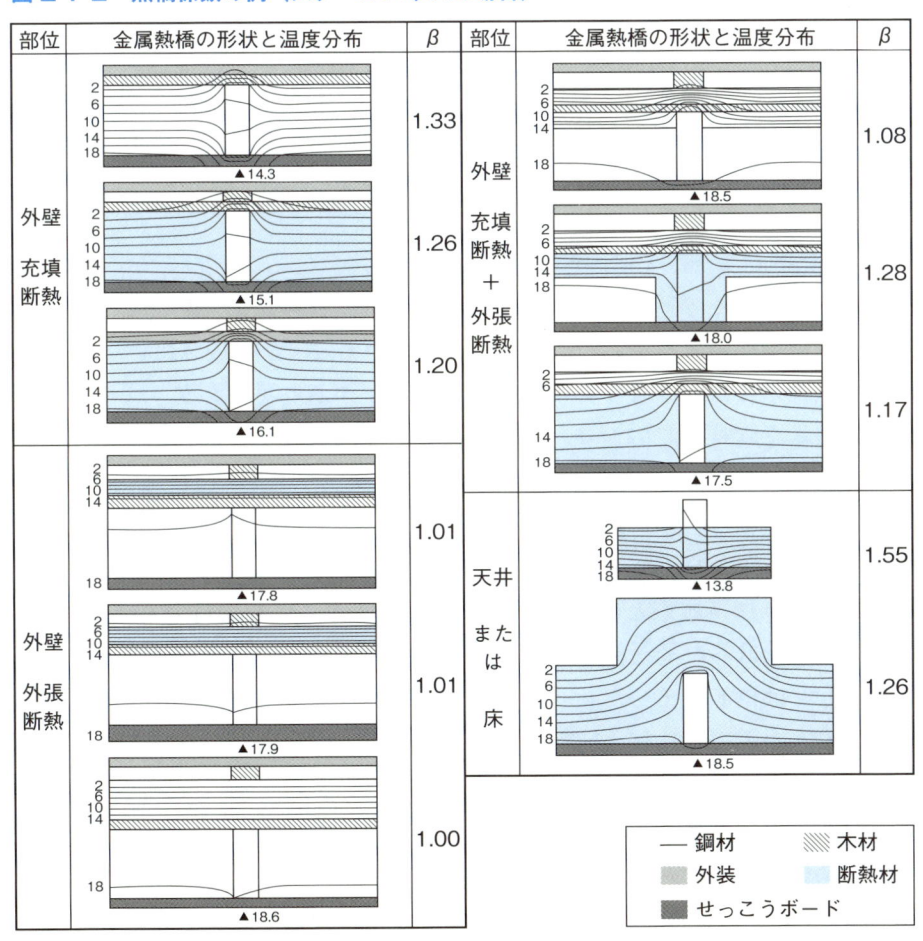

部位	金属熱橋の形状と温度分布	β	部位	金属熱橋の形状と温度分布	β
外壁 充填 断熱	▲14.3	1.33	外壁 充填 断熱 ＋ 外張 断熱	▲18.5	1.08
	▲15.1	1.26		▲18.0	1.28
	▲16.1	1.20		▲17.5	1.17
外壁 外張 断熱	▲17.8	1.01	天井 または 床	▲13.8	1.55
	▲17.9	1.01		▲18.5	1.26
	▲18.6	1.00			

― 鋼材　▨ 木材　■ 外装　■ 断熱材　■ せっこうボード

2・断熱の基本的考え方

2-8 断熱材

●状況に応じた断熱材の利用を

　建築材料の熱の伝わりやすさを表す熱伝導率の表（P.29）の中で熱伝導率が0.1より小さい部材を断熱材とよびました。断熱材を適切に施工することにより建物の断熱性能を高くすることが可能となります。断熱材に要求される性能は断熱性能の他に耐久性・防火性・防蟻性・施工性・費用対効果などがあげられますが、全てを満足する断熱材はありません。

　断熱材を選定する際にはそれぞれの特徴が適するものであると同時に防湿性・透湿性などとの組み合わせや、工法との兼ね合いを考慮に入れる必要があります。

●さまざまな断熱材の種類

　断熱材には多くの種類があり、素材としては無機繊維系・発泡プラスチック系・木質繊維系・自然系（天然系）に分類されます（表2-8-1）。

　無機繊維系にはグラスウールやロックウールがあります。グラスウールはガラス繊維を素材としており、日本でも最も使用されている断熱材です。これらは繊維系のため、水蒸気を通します。

　発泡プラスチック系にはポリスチレンフォームやウレタンフォームなどがあります。近年の高気密・高断熱住宅の断熱材としてよく利用されている断熱材です。無機繊維系と発泡プラスチック系はどちらも素材であるガラス、プラスチックは熱を通しやすい性質を持っていますので、素材そのものは断熱材としては機能しません。

　熱伝導率の表に断熱材と同様に熱伝導率の小さい物質がありました。そう、空気です。これらの断熱材はガラスやプラスチックの空隙に空気が多く存在しているため、熱を伝えにくい材料となっているのです。ここで、材料の素材が少なくて空隙が大きくなりすぎると、空気が動いてしまい、対流による熱移動が発生してしまうため、空隙を小さくして空気を静止状態にしておく

ことが大切です。

　木質繊維系と自然系（天然系）はエコロジーへの意識の高まりにより、注目されている断熱材です。最近では羊毛（ウール）断熱材の普及が進んでいます。それぞれの断熱材の特徴については第3章をご覧ください。

表 2-8-1　断熱材の種類

断熱材		熱伝導率[W/(m・K)]
無機繊維系	グラスウール	0.036 〜 0.052
	ロックウール	0.036 〜 0.058
発泡プラスチック系	ビーズ法ポリスチレンフォーム	0.034 〜 0.043
	押出法ポリスチレンフォーム	0.028 〜 0.040
	ウレタンフォーム	0.023 〜 0.026
	ポリエチレンフォーム	0.038 〜 0.042
	フェノールフォーム	0.030 〜 0.036
木質繊維系	セルローズファイバー	0.040
	インシュレーションボード	0.049
自然系(天然系)	コルク	0.045
	羊毛(ウール)	0.040

2-9 遮熱と断熱の違い

●遮熱の目的とは何か

　建物を断熱するということは、一般的に対流熱伝達・放射熱伝達・熱伝導のプロセスを総合した貫流熱に対して用いられます。この場合の断熱とは、主に熱伝導抵抗を大きくすることで、室内外の温度差による熱移動量を小さくすることを目的としています。

　夏季には外気温の上昇や日射により温められた外壁からの熱移動による室温の上昇、冬季には外気温の低下に伴う室温の低下を防ぐために外壁に断熱材を挿入して、断熱をします。しかし、断熱性能が高いため、夏季に日射が室内に直接入って室温が上昇すると、下がりにくくなってしまうということも考えられます。このようなことを防ぐために大切なことが「遮熱」です。

　遮熱は放射熱伝達による熱移動量を小さくすることを目的としており、断熱とは異なります。先の例の日射熱は放射によって移動する代表的な熱です。断熱性能の高い住宅ではその特性を十分に活かすためにも夏季の窓からの日射熱の侵入、外壁や屋根の温度上昇をなるべく阻止することが重要です。遮熱は断熱とは異なるため、冬季の寒冷地において遮熱と断熱を勘違いしてしまうと、日射熱は室内に入らずに室温は低下してしまうという事態を招いてしまうため、違いをしっかりと理解することが必要です。

●どのように遮熱するか

　建物において遮熱するべき場所としてはまず窓ガラスが思い浮かぶと思います。遮熱に配慮した窓ガラスにLow-Eガラスがあります。他に遮熱すべき場所としては外壁と屋根があげられます（図2-9-1）。これらの部位については遮熱塗料による対策が考えられます。

　太陽光は図2-9-2のように紫外線、可視光線、赤外線の3つの波長領域に区別することができ、遮熱塗料は、放射熱伝達により移動する熱の正体である赤外線領域の波長に対する反射率が高い特徴を持っています。

図 2-9-1　遮熱のイメージ

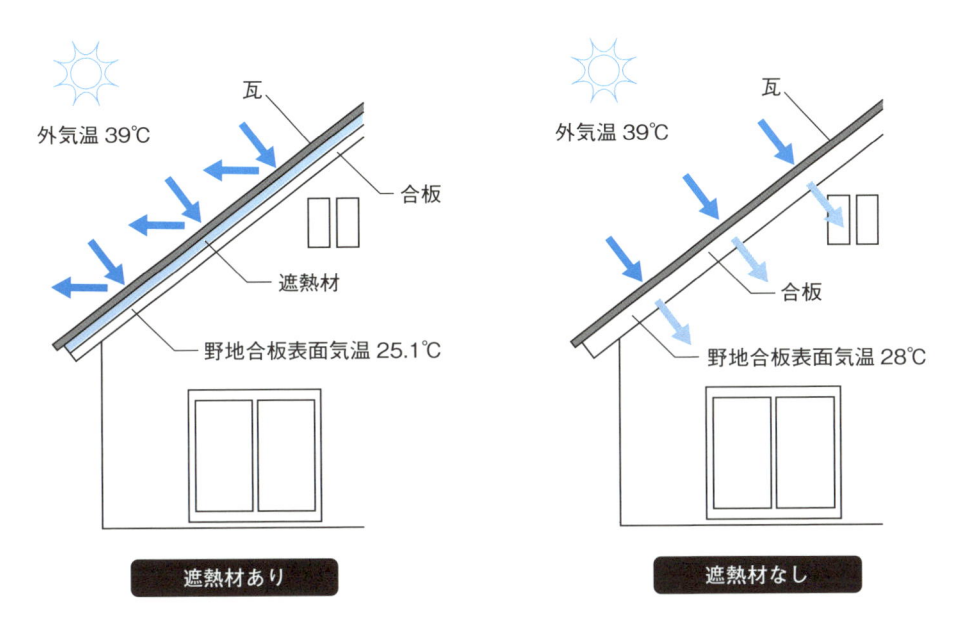

外気温 39℃　　瓦　　合板　　遮熱材　　野地合板表面気温 25.1℃　　遮熱材あり

外気温 39℃　　瓦　　合板　　野地合板表面気温 28℃　　遮熱材なし

図 2-9-2　遮熱のイメージ

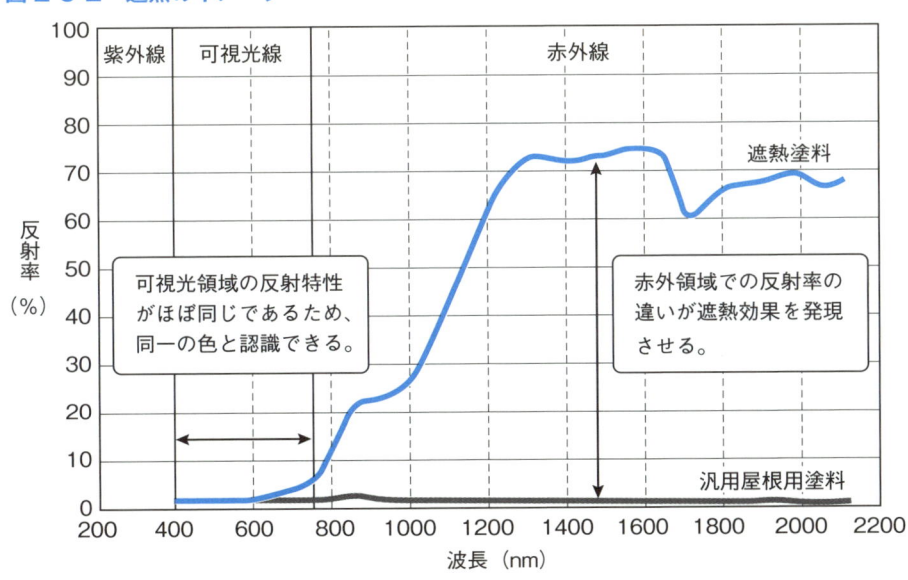

紫外線　可視光線　赤外線

遮熱塗料

可視光領域の反射特性がほぼ同じであるため、同一の色と認識できる。

赤外領域での反射率の違いが遮熱効果を発現させる。

汎用屋根用塗料

縦軸：反射率（％）
横軸：波長（nm）

2・断熱の基本的考え方

2-10 移動熱量

●移動熱量の求め方

ここではある壁面を流れる熱量の計算をしてみましょう。想定する複層壁は表 2-10-1 の部材で構成されているとします。室内温度 t_i が 20℃、屋外温度 t_o が 0℃で一定になっているとき（定常状態）の移動熱量は下記のように求めることができます。まず、熱伝達率、熱伝導率から各抵抗値を算出して、熱貫流抵抗 R [㎡・K/W] を求めます。

$$R = \frac{1}{9} + \frac{0.01}{0.22} + \frac{0.035}{0.028} + 0.09 + \frac{0.12}{1.6} + \frac{1}{23} = 1.62\,[\text{㎡・k/W}]$$

熱貫流率 U [W/(㎡・K)] は熱貫流抵抗 R の逆数ですので、移動熱量 q は

$$q = U(t_i - t_o) = \frac{1}{R}(t_i - t_o) = 0.617(20 - 0) = 12.3\,[\text{W/㎡}]$$

となり、この複層壁 1 [㎡] あたりに 12.3 [W] の熱量が流れることがわかります。

●壁面表面温度・各部材の温度の算出

この複層壁を流れる熱量は屋内側空気から屋内側壁面へと移動し、その後、壁面の各部材をバケツリレーのように熱が移動していき、屋外側壁面から屋外空気へと流れていきます（図 2-10-1）。定常状態では空気と壁表面の間や複層壁を構成する各部材を流れる熱量はどこも貫流による熱量と同じとなっているため、下式を変形することで室内側壁面温度 t_1 の算出が可能となります。

$$U(t_i - t_o) = a_i(t_i - t_1)\,[\text{W/㎡}]$$

また、熱伝導による熱量と貫流による熱量が同値となるため、下式が成立します。

$$U(t_i - t_o) = \frac{\lambda_1}{a_1}(t_1 - t_2)\,[\text{W/㎡}]$$

先程の式で t_1 が求まるため、上式を変形することで t_2 を求めることができます。この計算を順次行うことで、各部材での温度を知ることができます。

表 2-10-1　複層壁の構成部材例

部位	パラメータ	記号	設定値	厚さ[m]
室内表面	熱伝達率	$α_i$	9.0W/(㎡・K)	ー
石膏ボード	熱伝導率	$λ_1$	0.22W/(m・K)	0.01
ポリスチレンフォーム	熱伝導率	$λ_2$	0.028W/(m・K)	0.035
半密閉中空層	熱抵抗	r_{air}	0.09㎡・K/W	0.02
コンクリート	熱伝導率	$λ_4$	1.6W/(m・K)	0.12
屋外表面	熱伝達率	$α_o$	23.0W/(㎡・K)	ー

図 2-10-1　屋内～屋外への熱の移動

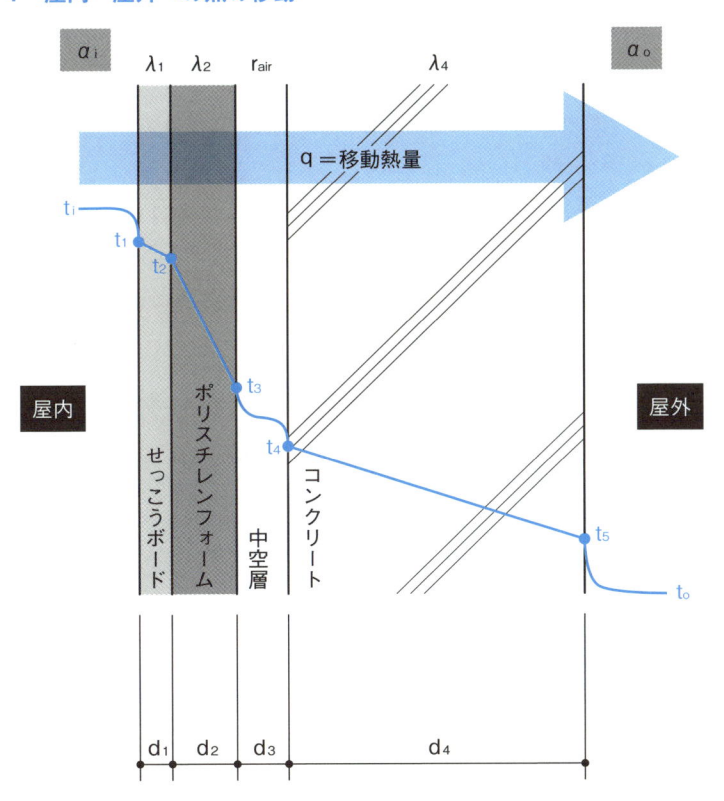

2・断熱の基本的考え方

2-11 Q値

●建物からの熱損失

図2-11-1に示すように建物からの熱損失は外壁や屋根、床などからの貫流による熱損失と換気や隙間風による熱損失の合計となります。外壁などからの貫流による熱損失量 q_U はそれぞれの熱貫流率 $U\,[\text{W/m}^2\cdot\text{K}]$ と面積 $A\,[\text{m}^2]$ を用いて、下式で表すことができます。

$$q_U = U(t_i - t_o) \times A = UA(t_i - t_o)\,[\text{W}]$$

t_i：室温　　t_o：外気温

外気に接する全ての面で同様の計算をして総和をとると下式となります。

$$q_{Un} = (U_1 A_1 + \cdots + U_n A_n)(t_i - t_o)\,[\text{W}]$$

また、換気や隙間風によって $Q\,[\text{m}^3/\text{h}]$ の空気が入れ換えられているとすると、下式のように換気による熱損失 q_Q が発生します。

$$q_Q = 0.34Q(t_i - t_o)\,[\text{W}]$$

したがって、建物全体からの熱損失量 q は下式のようになります。

$$q = q_{Kn} + q_Q = (U_1 A_1 + \cdots + U_n A_n + 0.34Q)(t_i - t_o)\,[\text{W}]$$

上の式の温度差にかかる係数の部分を総合熱貫流率とよびます。

●省エネと熱損失係数（Q値）

総合熱貫流率は面積の影響を受けてしまうため、壁や屋根などの仕様が同じでも建物が大きくなると総合熱貫流率も大きくなってしまいます。そこで、建物の熱的性能を相互比較するために総合熱貫流率を延床面積 $A_f\,[\text{m}^2]$ で除した熱損失係数（Q値）が用いられます。Q値は総合熱貫流率を $UA\,[\text{W/K}]$ として、次の式のように表すことができます。

$$\text{熱損失係数 (Q値)} = \frac{UA}{A_f}\,[\text{W}/(\text{m}^2\cdot\text{K})]$$

Q値が小さいほど、空調時に投入する単位床面積当たりのエネルギーが少ない住宅といえます。また、Q値は換気による熱損失も考慮しているため、

気密性が低く、隙間風の多い住宅では大きくなります。

次世代省エネルギー基準では表 2-11-1 のように日本を 6 つの地域に区分しています。それぞれの地域における住宅の Q 値の基準は表 2-11-2 のようになっています。寒冷地に行くほど、外気温度と室内温度の差が大きくなるので、暖房を効率よく行うためには Q 値をなるべく小さくする必要があります。

図 2-11-1　建物からの熱損失

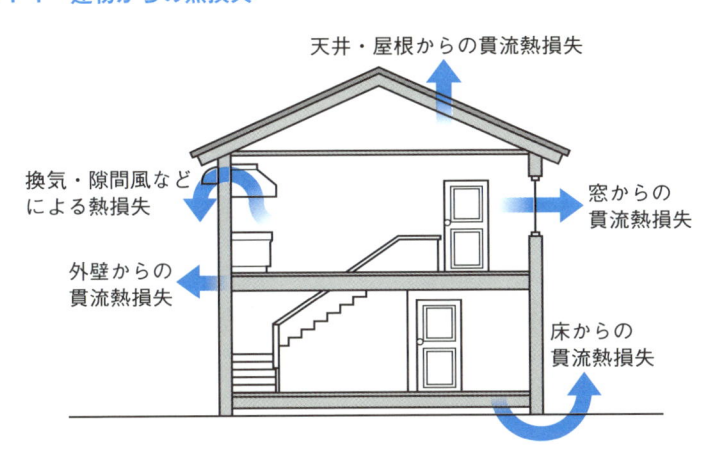

表 2-11-1　次世代省エネルギー基準の地域区分

地域の区分	都道府県
Ⅰ 地域	北海道
Ⅱ 地域	青森県 岩手県 秋田県
Ⅲ 地域	宮城県 山形県 福島県 栃木県 新潟県 長野県
Ⅳ 地域	茨城県 群馬県 埼玉県 千葉県 東京都 神奈川県 富山県 石川県 福井県 山梨県 岐阜県 静岡県 愛知県 三重県 滋賀県 京都府 大阪府 兵庫県 奈良県 和歌山県 鳥取県 島根県 岡山県 広島県 山口県 徳島県 香川県 愛媛県 高知県 福岡県 佐賀県 長崎県 熊本県 大分県
Ⅴ 地域	宮崎県 鹿児島県
Ⅵ 地域	沖縄県

表 2-11-2　次世代省エネルギー基準における各地域区分での熱損失係数

地域の区分	Ⅰ	Ⅱ	Ⅲ	Ⅳ	Ⅴ	Ⅵ
Q 値	1.6	1.9	2.4	2.7	2.7	3.7

> **❗ 自然を楽しむ**
>
> 　断熱は、冷暖房時の負荷を軽減する大きな役目があります。断熱の厚さの違いによる空調機容量や運転時エネルギー消費量には大きな差が生まれます。そのため、断熱による費用対効果は絶大です。
>
> 　別のいい方をすれば、断熱をすることで、冷暖房をしなくてもよい日を多く作ることができます。
>
> 　「自然の風を楽しむことができる」これが、断熱の基本的な効果ともいえるでしょう。

第3章

断熱材料

断熱材料はさまざまな種類があり作られています。
断熱材選定について、その基礎的情報を明確に示し、
今後の断熱材選定の基礎力を付けることを
ねらいとしています。

3-1 グラスウール

●最も需要の多い断熱材

　断熱材は、繊維系断熱材、発泡プラスチック系、自然系、木繊維系といった種類があり、断熱性能、耐久性、不燃性、耐候性、施工性、経済性などそれぞれの特徴があります（2-8参照）。繊維系断熱材であるグラスウールは、施工性もよく、最も使用されている建築用断熱材です。

　グラスウールは、原料の85％以上が板ガラスやリサイクルガラスで、ガラスを高熱で溶かして繊維化した綿状のものです。細い繊維が絡み合ってグラスウールの中に空気層をつくり、空気が静止しているため熱を伝えにくく、高い断熱性能を発揮します。

　断熱材は、熱伝導率（2-4参照）が小さいほど熱が伝わりにくく、材料の厚さに関係する熱抵抗値$R(m^2・K/W)$（＝材料の厚さ(m)÷熱伝導率$\lambda(W/m・K)$）が大きいほど熱が逃げにくくなるため、断熱性能がよくなります。断熱材、壁や床などを構成する個々の部材のR値を合計すると、壁や床などの部位ごとの熱貫流率$U(W/m^2・K)$（＝1/R）を求めることができます。

　住宅用グラスウール断熱材は、一般的に床、壁、天井などに使われるフェルトタイプ、床に使われるボードタイプ、吹込み用グラスウールがあります（表3-1-1）。また、断熱材としてだけでなく、保温筒は空調用ダクトや配管の保温、保冷材として使われています。吸音性能にも優れているため、壁、天井の吸音材としても使われます（図3-1-1）。また、湿気を通しやすいため、防湿層を設けて、壁体内部の結露を防止する必要があります。

　JIS製品に表示が義務付けられているホルムアルデヒドなど級の最上位規格を示すF☆☆☆☆（エフフォースター）の製品は、使用量や条件の制限なく安全性が保障されています。4VOC（トルエン、キシレン、エチルベンゼン、スチレン）の放散量についても、厚生労働省が定めた基準値以下であることが確認されています。

表 3-1-1　主な住宅用グラスウールの種類と特性

形状	相当密度 kg/m³	熱伝導率（平均温度 25℃）W/(m・K)	厚さ mm	熱抵抗値 m²・K/W
グラスウール	10K	0.05	100	2.0
	16K	0.045	100	2.2
	24K	0.038	100	2.6
	32K	0.036	100	2.8
高性能グラスウール	16K	0.038	100	2.6
	24K	0.036	100	2.8
	32K	0.035	100	2.9
	40K	0.034	100	2.9
	48K	0.033	100	3.0
吹込み用グラスウール	18K		100	1.9

（出典：JIS　A9521 住宅用人造鉱物繊維断熱材　㈶日本規格協会）

図 3-1-1　グラスウールの種類

フェルトタイプ

ボードタイプ

吹込み用グラスウール

空調用ダクト保温筒

（写真提供：硝子繊維協会）

3・断熱材料

3-2 ロックウール

●耐熱性に優れた断熱材

　ロックウールは、高炉スラグや玄武岩など天然岩石を主な原料として、1500〜1600℃の高温で溶かして繊維状にしたものです。なお、高炉スラグとは、製鉄所の高炉で銑鉄をつくるときに、副産物として生成されたものです。これまで天然岩石から製造したものをロックウール、高炉スラグを原料にしたものをスラグウールとしていましたが、現在ではスラグウールが主流となり、総称してロックウールといいます（図3-2-1）。

　ロックウールは、高い断熱性能と耐水性、防音性、施工性に優れていることが特長としてあげられます。グラスウールの熱間収縮温度が400℃以上に対し、ロックウールは650℃以上で、グラスウールと比較して耐熱性に優れているため、万が一の火災時において延焼を遅らせることができます。このように耐熱性に優れていることから吹付け耐火被覆材として、ビル建築物の鉄骨柱、鉄骨梁など耐火構造用途に使用されています。

　住宅用ロックウールは、バインダー（結合材）にフェノール樹脂を用い、ポリエチレンシートなどの防湿フィルムで全面を包み、弾力のあるマット状に成形したものは、主に天井、壁に使用し、ボード状、フェルト状のものは床の断熱に使用します（表3-2-1、図3-2-2）。施工時には内部結露防止のため室内側に防湿面を向けて隙間なく施工します（図3-2-3）。

　健康被害が問題となったアスベストと形状が似ていますが、アスベストと比べてロックウールの繊維径は太いため、体内に入りにくく、また万が一入ったとしても溶解性があるため排出されます。

　国際がん研究機関（IARC）では、グラスウールと同様に「人に対する発がん性が分類できない」とされ、シックハウスについてもホルムアルデヒド放散特性「F☆☆☆☆」で安全性が確認されています。製品は、JIS A 9521住宅用人造鉱物繊維断熱材で規格が定められています。

図 3-2-1　ロックウール

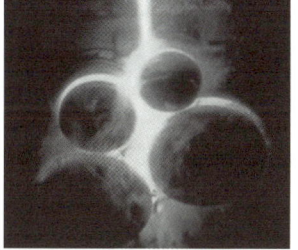

ロックウール　　　　ロックウール繊維化　　　　高炉スラグ

表 3-2-1　住宅用ロックウール断熱材の種類と物性

使用部位	形状	厚さ(mm)	熱伝導率(W/m・k)
壁・天井	マット	50	0.038
		55	
		75	
		90	
		100	
床	ボード・フェルト	50	0.036
		55	
		75	0.038
		95	
		100	

図 3-2-2　住宅用ロックウール

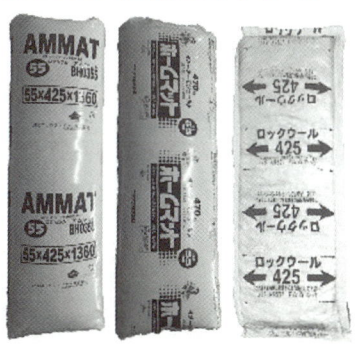

（写真提供：ロックウール工業会）

図 3-2-3　住宅用ロックウール（マット）施工例

3・断熱材料

3-3 発泡プラスチック系断熱材

●発泡プラスチック系断熱材とは

　発泡プラスチック系の断熱材は、ポリスチレンフォームの他、硬質ウレタンフォーム、ポリエチレンフォーム、フェノールフォームがあります。断熱性能は、発泡剤の種類によって違い、A種、B種に分けられます。A種は発泡剤に炭化水素、二酸化炭素などを用いたノンフロンで、B種は発泡剤にフロンを使用しています。現在、地球温暖化防止対策として、フロンを使用しない製品の普及が促進されています。

●ポリスチレンフォーム

　ポリスチレンフォームは、ポリスチレン樹脂を原料として、ビーズ法ポリスチレンフォーム（EPS：Expanded PolyStyreneplastic foam）、押出法ポリスチレンフォーム（XPS：Extruded PolyStyreneplastic foam）の2種類があり（図3-3-1）、どちらもA種に分類されています。

　ビーズ法ポリスチレンフォームは、発泡性ビーズを金型に入れて加熱し、30〜80倍に発泡して成形します。金型の形状によって、さまざまな形をつくることができます（表3-3-1）。緩衝性が高く、柔軟性があるので、木造充填断熱工法に適しています。

　押出法ポリスチレンフォームは、原料に発泡剤と添加剤を混ぜて連続的に押出し、発泡成形されます。保温板の断熱性能の違いで1種〜3種に分けられ、a、bは圧縮強さを示しています（表3-3-2）。

　ビーズ法よりも断熱性、耐圧性に優れ、吸水率が低く水に強いので、水による変形、変質がありません。また、非常に軽量でありながら、丈夫であることも特徴の1つです。

図 3-3-1 ポリスチレンフォーム

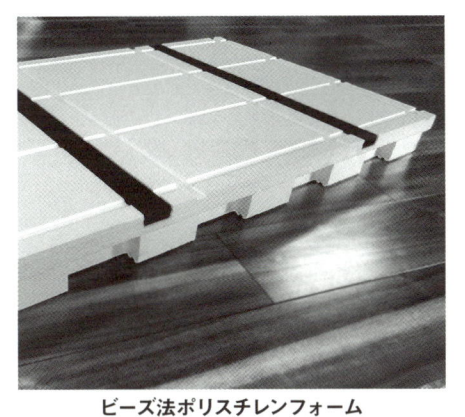

ビーズ法ポリスチレンフォーム
（写真提供：発泡スチロール協会）

押出法ポリスチレンフォーム
（写真提供：押出発泡ポリスチレン工業会）

表 3-3-1 ビーズ法ポリスチレンフォームの特性

形状		密度 kg/m³	熱伝導率 W/m・K	圧縮強さ N/cm²
保温板	特号	27 以上	0.034 以下	14 以上
	1 号	30 以上	0.036 以下	16 以上
	2 号	25 以上	0.037 以下	12 以上
	3 号	20 以上	0.040 以下	8 以上
	4 号	15 以上	0.043 以下	5 以上

（出典：JIS　A9511：2006 R　発泡プラスチック保温材，(財)日本規格協会）

表 3-3-2 押出法ポリスチレンフォームの特性

形状			密度 kg/m³	熱伝導率 W/m・K	圧縮強さ N/cm²
保温板	1 種	a	20 以上	0.040 以下	10 以上
		b			16 以上
	2 種	a	25 以上	0.034 以下	10 以上
		b			18 以上
	3 種	a	25 以上	0.028 以下	10 以上
		b			20 以上

（出典：JIS　A9511：2006 R　発泡プラスチック保温材，(財)日本規格協会）

3・断熱材料

●硬質ポリウレタンフォーム

硬質ポリウレタンフォーム（PUF：Poly-Urethane plastic Foam）は、ポリイソシアネート、ポリオールと発泡剤を原料として発泡成形したものです。独立した小さい硬い気泡の集まりで、中に熱を伝えにくいガスが封じ込められているため、高い断熱性能を持っています。

使用する発泡剤の種類によって、熱伝導率が規定されています。1種は面材をつけないボード、2種は面材の間で発泡させて、自己接着でラミネート成形した面材付きのものをいいます（表3-3-3）。

●硬質ポリウレタンフォームの使用用途

工場内で製造する以外に、建築現場で発泡機から直接吹付けて施工するスプレー発泡があります。さまざまな材料と接着剤なしに自己接着するので、隙間のない断熱層をつくることができます（図3-3-2）。施工の容易さから工期短縮、費用削減などが可能です。吹付け硬質ウレタンフォームは、発泡剤の種類、適用する部位によって区分されています（表3-3-4）。A種1は壁、屋根裏などの用途に適する非耐力性で、A種3は壁などの充てん断熱工法用途に用いることができます。

●フェノールフォーム

フェノールフォーム（PF：Phenolic Foam）は、フェノール樹脂、発泡剤、硬化剤を原料としています（図3-3-3）。フェノール樹脂は熱硬化性のため、フェノールフォームも耐熱性、難燃性に優れています。一般に常時100℃までの環境での使用が可能で、炎にあたっても溶けることなく炭火するため、有毒ガスの発生もほとんどありません。

国内で多く使用されている製品は、A種フェノールフォーム保温板の1種2号で、面材の間で樹脂を発泡させて成形した面材付きのものです。面材には、クラフト紙、ポリエステル不織布、ポリプロピレン不織布、ガラス繊維不織布などの透湿性面材、ポリエチレン加工紙、アルミ加工紙などの非透湿性面材が使用されます。

図 3-3-2　硬質ポリウレタンフォーム・スプレー発泡

(写真提供：クラボウ)

表 3-3-3　硬質ポリウレタンフォームの特性

形状			密度 kg/m³	熱伝導率 W/m・K
保温板	1 種		35 以上	0.029 以下
	2 種	1 号	35 以上	0.023 以下
		2 号	25 以上	0.024 以下
		3 号	35 以上	0.027 以下
		4 号	25 以上	0.028 以下

(出典：JIS　A9511：2006 R　発泡プラスチック保温材, ㈶日本規格協会)

表 3-3-4　吹付け硬質ポリウレタンフォームの特性

種類		熱伝導率 W/m・K	発泡剤
A 種	1	0.032 以下	二酸化炭素(CO_2)を用い、フロン類を使用しない
	2	0.032 以下	
	3	0.040 以下	
B 種	1	0.022 以下	フロン類を使用

(出典：JIS　A9526：2010　建築物吹付け硬質ウレタンフォーム(追補 1), ㈶日本規格協会)

図 3-3-3　フェノールフォーム

(写真提供：フェノールフォーム協会)

3-4 天然素材系断熱材①
羊毛・羽毛

●環境にやさしい天然素材系断熱材

　天然素材系の断熱材には、羊毛、羽毛、木質繊維、セルローズファイバー、炭化コルクなどがあります。これらは天然素材を使用しているため、人への健康影響や、製造時の二酸化炭素（CO_2）排出量が他の断熱材と比べて最も小さく、環境面で優れています。

●羊毛断熱材

　羊毛断熱材は、羊毛を使用して作られた断熱材です。羊毛は繊維が縮れて絡み合い、その中に空気を含んでいるため、高い断熱性能を維持することができます（図3-4-1）。その他、難燃性が高い、防音性、有害物質を吸着するなどの特徴を持っています。また、調湿効果が高く、内部結露を防ぐため、地域、仕様によっては室内側に防湿層を設けずに施工できる場合もあります。
　ウール100％、ウールの防虫剤として非塩素系ホウ酸を使用した安全性の高い防虫剤を使用した製品、トウモロコシ繊維を混合した高密度のボードやポリエステル繊維を使って性能を向上させた製品があります。

●羽毛断熱材

　羽毛は、空気を多く含み保温性に優れていることから、鳥の羽で布団や衣料品などの充てん物として利用されています（図3-4-2）。羽毛とは、綿毛状のダウン、羽枝を持つ羽毛（羽根）のフェザー、ダウン、フェザーから分かれた1本の状態に分離した羽枝のファイバーを総称しています。羽毛布団やダウンジャケットなどは、あひるやガチョウなど水鳥から採取した水鳥羽毛を使用しています。
　羽毛を用いた断熱材は、一般的ではありませんが、天然羽毛繊維断熱材として開発されています。天然羽毛はファイバーが筒状中空構造となっており、合成繊維をバインダーとして用いることで、さらに高い断熱性能を得ること

ができます。また、廃棄焼却時に有害物質の排出も少ない、埋め立てると大部分が生分解されるなど環境への影響が少ない材料です。

さらに、安価で施工がしやすい断熱材として、綿などの袋状の生地に羽毛を入れた建物断熱材が開発されています。羽毛布団で羽毛の品質が重要ですが、断熱材に使用する羽毛は羽毛布団で使用できないものを活用することを提案しています。

図 3-4-1　羊毛断熱材の例

（写真提供：クリアスペース）

図 3-4-2　羽毛の例

羽毛はダウンジャケットで断熱材として使用されている。建築では、その効果から期待されているが、まだ実用化にいたっていない。

❗ 断熱で冷暖房運転を控える

　断熱によって冷暖房負荷を軽減することができます。冷暖房負荷を軽減できることは、空調機を運転する時間や期間を短くすることができます。特に冷暖房運転を控えることで、エネルギー使用を削減する効果が大きいと考えられています。

3-5 天然素材系断熱材② 炭化コルク・木質繊維板

●炭化コルク

　コルクは、地中海沿岸に多く植樹されているコルク樫の樹皮をそのまま使用し、ワインの栓、コルクボードなどといった用途に使用されています。コルクの樹皮は約10年で再生するので、樹木は伐採しません。主な生産国はポルトガルで、日本では輸入に頼っています。

　断熱材として使用するコルクは炭化コルクといわれ、コルク樫の樹皮を細かく砕いたり、ワインコルクの残りなどを利用して、蒸気で加熱、圧縮を加えて炭化したものです。炭化の際に出る樹脂で固めているため、接着剤を使用していません（図3-5-1）。

　音や振動に強く、もともとは機器の振動防止材として使用されていました。コルクの密度は120～200kg/㎥と軽量で、熱伝導率は0.032～0.045W/(m・K)、高い断熱性、調湿性に優れ、有害物質や臭気を吸着する効果があることから、内装材に加え、断熱材としても使用されるようになってきました。

　他の断熱材と比較すると、価格が高いですが、今後、環境への負荷低減や自然志向が強くなれば、広く普及する可能性があります。

●木質繊維板

　木質繊維板は、木材の林地残材、合板や製材の残材、製紙未利用材、建築解体材など木材の廃棄物をチップ化、または繊維化して成形した板です。

　繊維板は、インシュレーションボード（軟質繊維板）、ミディアムデンシティファイバーボード（MDF：Medium density fiberboard、中密度繊維板）、ハードボード（硬質繊維板）、パーティクルボード（削片板）があり（図3-5-2）、密度と製法によって分けられています（表3-5-1）。

図 3-5-1　炭化コルク

（写真提供：東亜コルク㈱）

図 3-5-2　木質繊維板種類

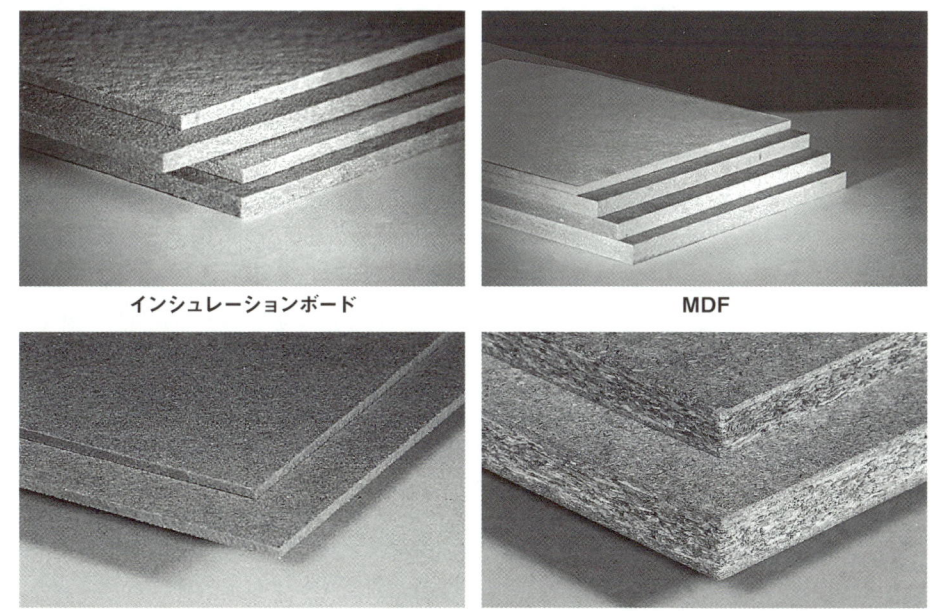

インシュレーションボード　　　　　MDF

ハードボード　　　　　パーティクルボード
（写真提供：日本繊維板工業会）

3・断熱材料

インシュレーションボードは、用途と難燃性によって分類され、このうちＡ級インシュレーションボードが主に天井、壁の断熱材、耐力壁の面材としても使用されます（図3-5-3）（表3-5-2）。断熱性のほか、調湿性、吸音性に優れ、軽くて、加工や施工が容易です。

　ＭＤＦは、表裏面の状態、曲げ強さ、接着剤、ホルムアルデヒド放散量、難燃性によって分類されます。パーティクルボードと同様に、木材を小さくして接着剤を加えて高温・高圧でプレスし成形しています。接着剤を使って成形するため、ホルムアルデヒドの放散等級はF☆☆☆☆、F☆☆☆、F☆☆で区分されています（表3-5-3）。建築基準法で内装に使用する場合、F☆☆☆☆は使用制限がありませんが、F☆☆☆は面積制限があります。

　これらの木質繊維板よりも、より密度を高めたものが、ハードボードです。ハードボードは表面の状態、曲げ強さ、難燃性によって分類されます。表面が平滑で曲げ強度が高く、曲げ加工にも適しています。

> **！ 高気密高断熱でも開放生活**
>
> 　高気密高断熱の住宅では息が詰まると考える人も多くいます。高気密高断熱は、例えるなら冷暖房運転をしているときの室内状態です。
>
> 　春や秋のさわやかな季節には窓を開け放して生活をしましょう。自然を感じられてとてもよいでしょう。

図 3-5-3 インシュレーションボード外断熱使用

(写真提供:日本繊維板工業会)

表 3-5-1 繊維板の種類

種類	密度 g/cm³
インシュレーションボード	0.35 未満
MDF	0.35 以上
ハードボード	0.80 以上

(出典:JIS A5905:2003 繊維板 (財)日本規格協会)

表 3-5-2 インシュレーションボードの種類と用途

種類	用途
畳ボード	畳床用
A級インシュレーションボード	断熱用
シージングボード	外壁下地用

(出典:JIS A5905:2003 繊維板 (財)日本規格協会)

表 3-5-3 ホルムアルデヒド放散量による区分

等級	平均値 mg/L	最大値 mg/L
F☆☆☆☆	0.3 以下	0.4 以下
F☆☆☆	0.5 以下	0.7 以下
F☆☆	1.5 以下	2.1 以下

(出典:JIS A5905:2003 繊維板 (財)日本規格協会)

3-6 天然素材系断熱材③ セルローズファイバー

●セルローズファイバー

　セルローズファイバーは、紙、パルプ、板紙または木材を原料とした木質繊維です（図3-6-1）。接着剤、防燃材、その他添加物を混入したものとしないものがあります。

　繊維自体に小さな気泡があり、また、さまざまな太さの繊維が絡みあうことによって、空気の層をつくり、高い断熱性能を得ることができます。木質繊維のため、調湿性能を持ち、結露を防止する機能を備えています（表3-6-1）。

　製造方法は、原料の新聞古紙、主に新聞販売店などで販売されなかった新古紙を細かく砕き、ホウ酸、ホウ砂を混ぜて綿状に加工します。これを梱包し、建築現場では専用の機器を使って断熱箇所に吹込みます。

　セルローズファイバーの製造エネルギーは、他の断熱材に比べて低く、新聞古紙のリサイクルに加え、CO_2排出量の少ない断熱材です。

　セルローズファイバーは、天井、壁、屋根の断熱材として使用されますが、マット状やボード状の敷き込み施工ではなく、バラ状の繊維を直接吹込む工法（図3-6-2）や吹付け工法で施工しています。

　天井の場合は、綿状にした繊維を吹込み、隙間なく施工することができます。壁や床の場合は、繊維を壁や床の中に送って、充填します（図3-6-3）（表3-6-2）。密度45～55kg/㎥の密度の高い製品を使用することで、壁の中で繊維が安定し、経時変化を起こしにくくなります。メーカーによっては70kg/㎥で吹込むものもあります。

図 3-6-1
セルローズファイバー

図 3-6-2
吹込み工法施工例

図 3-6-3
壁・屋根充填工法

（写真提供：日本セルローズファイバー工業会）

表 3-6-1　セルローズファイバーの特性

熱抵抗 ㎡・K/W	吸湿性 %	防火性	防かび性	撥水性	外観
2.5 以上	15 以下	難燃3級に適合	接種した部分に菌糸の発育が認められない	沈んではならない	使用上不適切な大きな塊および異質物の混入がない

（出典：JIS　A9523：2011　吹込み用繊維質断熱材　（財）日本規格協会）

表 3-6-2　断熱材使用部位と特徴

使用部位	密度 kg/㎡	熱伝導率 W/m・K	施工方法
天井	25	0.04	吹込み工法
壁・屋根	45～55	0.04	壁・屋根充填工法

（出典：日本セルローズファイバー工業会）

3・断熱材料

3-7 防湿気密シート

●断熱材の室内側に設置

　もともと北海道、東北地方などの寒冷地の住宅では、住宅の断熱化がされていましたが、建物の断熱によって、断熱材内部の結露によるカビの発生、構造材が腐食し、建物の耐久性が低下するといった問題がでてきました。同時に、暖房負荷の削減など建物全体の気密の重要性も確認され、近年では、日本全国で断熱化、気密化が拡大しつつあります。

　内部結露の防止、建築全体の気密性の確保のため、断熱材の室内側に防湿気密性の高いプラスチック系シートや他材料と複合したシートが使用されるようになりました。別張り防湿フィルムを連続的に設ける施工が普及し、さまざまな材質、性能の製品が出回っています。

　グラスウールなどの繊維系断熱材にクラフト紙にアスファルトコーティングまたはアルミニウム箔を貼り合せた防湿層を構成する施工法などがありますが、ポリエチレンフィルムなどのプラスチック系シートが主流です。透湿性能は使用する部位の材料構成、工法、地域の気候によって変わります。

　防湿シートは結露防止の目的から、透湿抵抗により分類されます。引張切断伸び率は、透湿抵抗、強度などの性能低下の度合いを示すもので、シートを使用する際の環境状態を想定した数値です。アルカリ処理は、シートが部分的または全体がコンクリートと接する場合、コンクリートが1週間程度で強アルカリから中性化が進むことから決められています（表3-7-1）。また、材料の構成により、ポリエチレンフィルムなど単一の材料で構成された単体シートと性質や形状の異なる複数の材料を組み合わせた複合シートに分けられます。

　断熱材内部の防湿や気密とともに、断熱材外側の通気層を設けることが有効ですが（図3-7-1 a）、通気層がない壁の場合も、B種の品質性能が確保できれば、結露は防止できるとされています（図3-7-1 b）。高気密高断熱住宅の推進とともに、防湿気密シートは建物自体の耐久性にも関わる重要な材料であるといえます。

表 3-7-1　防湿気密シートの種類と特性

種類	透湿抵抗 ㎡ sPa/ng	熱耐久性	
		加熱処理後の縦方向引張切断伸び残率　%	アルカリ処理後の縦方向引張切断伸び残率　%
A種	0.082	50 以上	80 以上
B種	0.144		

（出典：JIS　A6930：1997　住宅用プラスチック系防湿フィルム　（財）日本規格協会）

図 3-7-1　防湿気密シート施工
　　　　　a）外壁通気層あり　　　　　　　　　b）外壁通気層なし

a）外壁通気層あり
- 外装材
- 通気層
- 透湿防水シート
- 合板
- 防湿気密シート
- 石膏ボード
- グラスウール
- 屋外／室内

b）外壁通気層なし
- 外装材
- アスファルトフェルト
- グラスウール
- 防湿気密シート
- 石膏ボード
- 屋外／室内

3・断熱材料

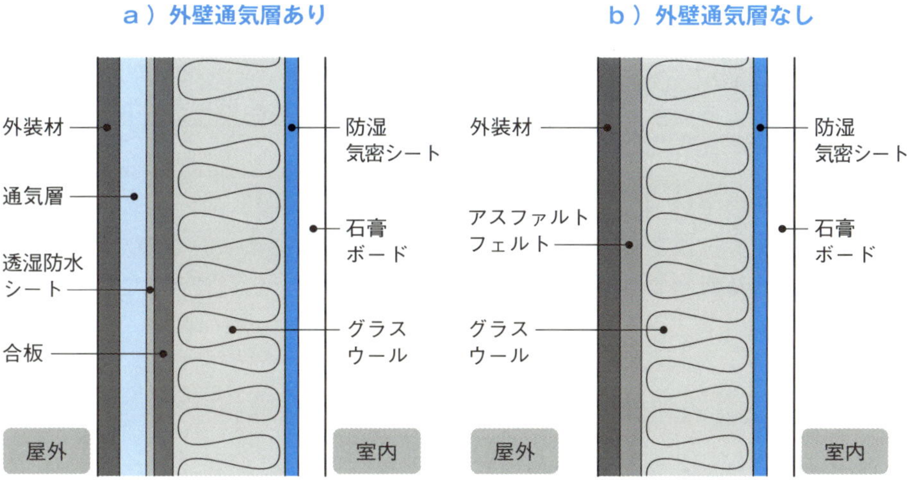

3-8 透湿防水シート

●断熱材の室外側に設置

　透湿防水シートは、住宅の内部結露を防ぐために断熱材と外壁の間に通気層を設ける通気構法などにおいて、防水、防風、透湿のために使用します（図3-8-1）。

　これまでは、外壁の防水シートにはアスファルトルーフィングが使われてきました。しかし、住宅の高断熱化に伴い、室内側の湿気が壁体内で結露を起こすことが問題となり、透湿性が求められるようになりました。同時に、外気の侵入による断熱材の断熱性能の低下を防ぐため防風性の確保も求められます。

　透湿防水シートは、断熱材の室内側に設けられる防湿気密シート（3-7参照）とは、使用する位置が違い、壁の外装材側に設けられます。そのため、雨水の侵入防止、防風による気密性の確保、湿気の排出という機能を併せ持っています。

●透湿防水シートの種類

　種類はA、Bの2種類あり、Aは一般地域向け、Bは寒冷地向けです。性能として求められる透湿抵抗、結露防止性、防水性、外気の侵入防止のための防風性などによって分類されます（表3-8-1）。

　通気層を持たない住宅では、防水シートが使用されますが、防風、透湿の性能が十分に発揮できるか、まだ検討段階となっています。

図 3-8-1 透湿防水シートのイメージ

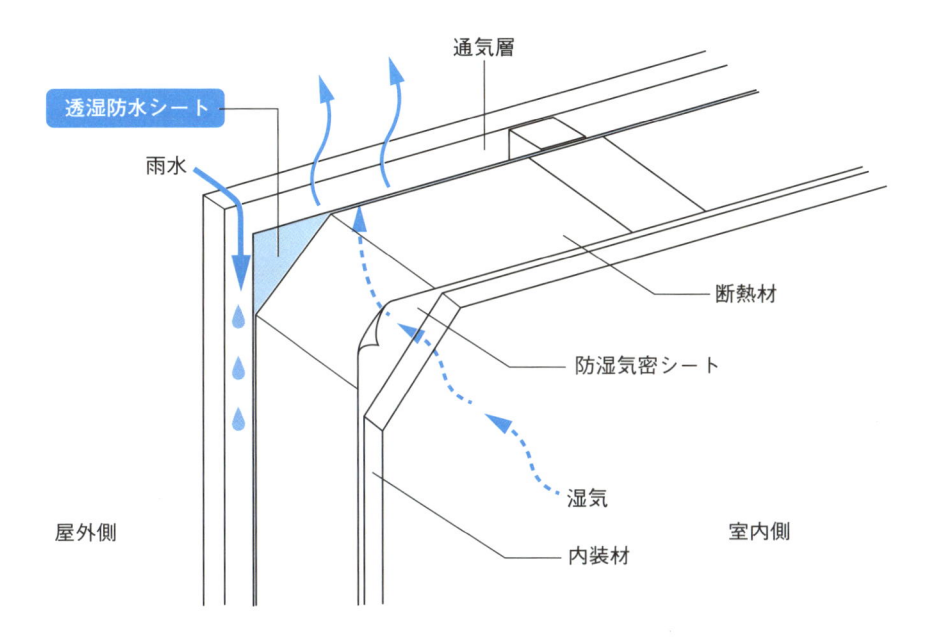

表 3-8-1 透湿防水シートの種類と特性

種類	透湿抵抗 m^2 sPa/ng	結露防止性 （下記条件で結露しない）	防水性 kPa	防風性 s（通過時間）	地域
A 種	0.19 以下	室内側：20℃、60% 外気側：0℃ （湿度規定なし）	10 以上	10 以上	一般地域向け
B 種	0.13 以下	室内側：20℃、60% 外気側：－5℃ （湿度規定なし）			寒冷地向け

（出典：JIS　A6111：2004　透湿防水シート　（財）日本規格協会）

3-9 複層ガラス

●ガラスを複層にすることで断熱性能がアップ

　建物の中でガラスは熱的に最も弱い部分であり、ガラスの性能を上げることで、暖房や冷房のためのエネルギー消費量を減らし、室内の快適性も向上させることができます。ガラスの断熱性能を上げるためには、ガラスを複層にするか、二重窓や三重窓など多層化して熱性能を向上させる方法がとられます。住宅や集合住宅では、複層化したガラスの使用が普及しています。

　ガラスを複層にして断熱性能を向上させる複層ガラスは、2枚以上の板ガラス（フロート板ガラス、型板ガラス、網入り板ガラスなど）や加工ガラス（合わせガラス、強化ガラスなど）、またはガラスの表面に薄膜を加工したものを用いて、ガラスとガラスの間に中空層をとったものをいいます。中空層のなかには大気圧に近い乾燥空気を満たして、その周辺を封止します（図3-9-1）。中空層は熱を伝えにくくし、ガラス表面の結露を抑えます。2枚のガラスを使用した複層ガラスをペアガラスといい、他に3枚のガラスを使用して中空層を2層設けるトリプルガラスなどがあります。

　ガラスの性能は、断熱性と日射遮蔽性によって分類されます（表3-9-1）。日射遮蔽は、熱線反射ガラスなど日射による熱を抑制するガラスに求められる性能です。断熱性は、熱の伝わりやすさを示す熱貫流率Uの逆数である熱貫流抵抗1/Uで分けられ、低放射ガラス（3-10参照）などに求められる性能です。中空層は1種から3種の断熱性能によって、おおよその厚さを示しています。

　ガラスを多用した建物が多く建設されていますが、断熱や遮熱などのガラス性能の向上によって、快適な室内環境が実現しています。

図 3-9-1 複層ガラスの構造

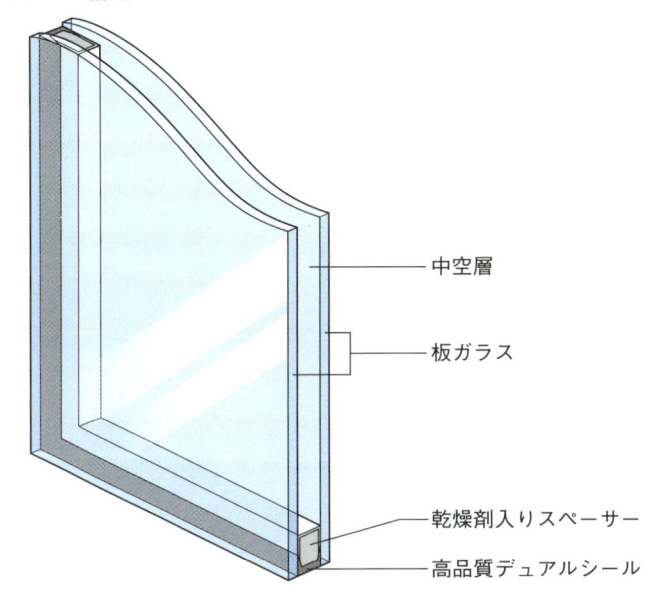

- 中空層
- 板ガラス
- 乾燥剤入りスペーサー
- 高品質デュアルシール

表 3-9-1 複層ガラスの種類と特性

種類		熱貫流抵抗 1/U m²・K/W	熱貫流率 U W/m²・K	中空層の厚さ mm	日射熱除去率 *1 (1-η)
断熱複層ガラス	1種	0.25 以上	4.00	6	
	2種	0.31 以上	3.23	12	
	3種	0.37 以上	2.70	6mmの中空層が2層のもの、および低放射ガラスを使用した中空層 6mm	
		0.43 以上	2.33	12mmの中空層が2層のもの、低放射ガラスを使用した中空層 12mmのもの、およびそれ以上の性能	
日射熱遮蔽複層ガラス	4種	0.25 以上	4.00	6	0.35 以上
	5種				0.50 以上

*η：日射熱取得率を示す

(出典：JIS R3209：1998 複層ガラス (財)日本規格協会)

3-10 Low-E ガラス

● Low-E ガラスとは何か？

　Low-E とは、低放射（Low Emissivity）の略称です。Low-E ガラスは、ガラス面に特殊金属膜がコーティングされていて、Low-E ガラスを複層にした Low-E ペアガラスは、高い断熱性能と夏の日射を遮る遮蔽性能に優れています。

　図 3-10-1 の日射遮蔽タイプは屋外側ガラスの室内側に反射膜があり、夏の日射を遮る遮熱性能が高く、夏の冷房負荷が軽減され、主に温暖地域で使用されます。図 3-10-2 の高断熱タイプは室内側ガラスの屋外側に反射面があり、断熱性能が高く、冬期に室内の熱を外に逃がさないため、寒冷地向きとされています。

　熱の伝わりやすさを示す熱貫流率は、値が低いほど断熱性能に優れています。表 3-10-1 に示す熱貫流率は、6㎜厚の単版のフロートガラスが 5.9W/㎡・K に対し、Low-E ガラスは 2.5W/㎡・K、複層ガラスの組合せによって、さらに高い断熱性能が得られます。

●温熱快適性も向上

　放射は人の体感温度に影響を与えます。室温と周囲の表面温度を足した半分ぐらいが体感温度になりますが、冬に窓の表面温度が低いと、室内の設定温度よりも寒く感じることがあります。

　逆に夏は窓面の表面温度が高いと、室温よりも暑く感じることがあります。Low-E ガラスを使用することによって、窓の遮熱性能、断熱性能が確保され、人の温熱快適性は向上します。

図 3-10-1　Low-E ガラス（日射遮蔽タイプ）

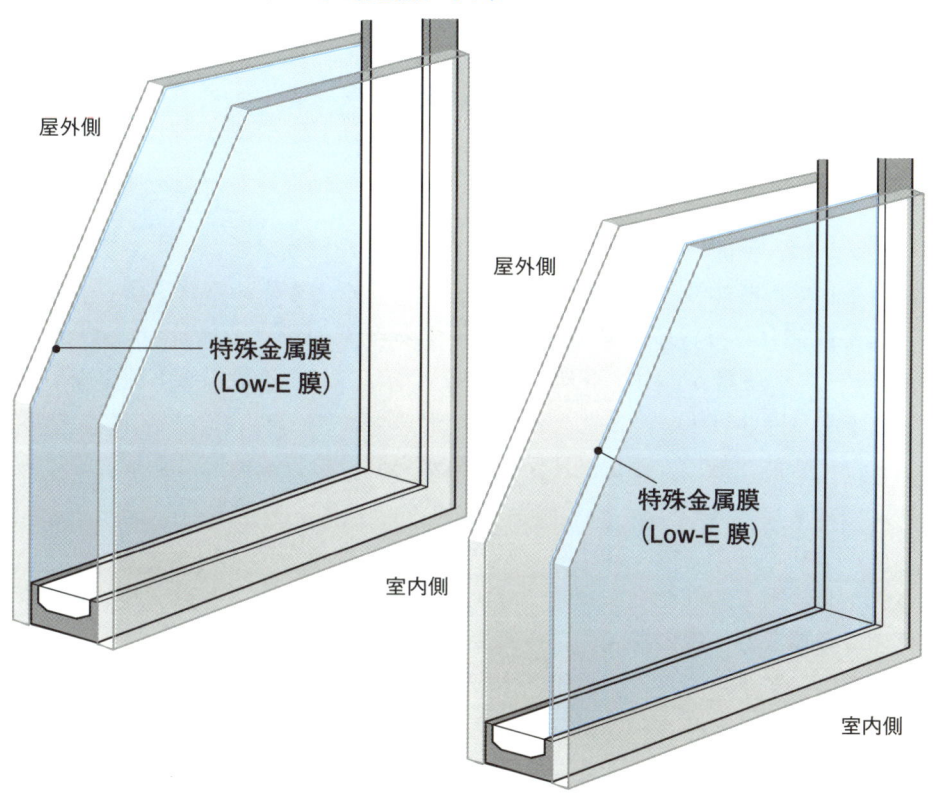

屋外側
特殊金属膜
（Low-E 膜）

屋外側
特殊金属膜
（Low-E 膜）
室内側

室内側

図 3-10-2　Low-E ガラス（高断熱タイプ）

表 3-10-1　各種ガラスの熱貫流率

ガラスの種類	厚さ（mm）	熱貫流率 U（W/㎡・K）
フロート板ガラス	6	5.90
熱線反射ガラス	6	5.80
高遮蔽性能熱線反射ガラス	6	4.70
断熱複層ガラス FL3+A6+FL3	12	3.40
高遮熱断熱複層ガラス Low-E3+A6+FL3	12	2.50
高断熱複層ガラス FL3+A6+Low-E3	12	2.60
真空ガラス Low-E3+ 真空層 0.2+FL3	6.2	1.40

＊ FL：フロート板ガラス、A：中空層、Low-E：低放射ガラス

3・断熱材料

3-11 サッシ

●サッシとは

　サッシは、壁開口部に取り付けるための窓の枠組みをいいます。サッシの性能として、断熱性、気密性、水密性、遮音性などが求められます。

　気密性能は、サッシの隙間を出入りする空気の量（通気量）によって、A-1 ～ A-4 の等級があり、等級ごとの通気量は各気密等級線を上回らない値とします（図3-11-1）。

　また、断熱性能は、H-1 ～ H-5 の等級があり、熱貫流抵抗によって分けられています（表3-11-1）。熱貫流率の値が小さい H-5 が最も断熱性能がよいことになりますが、例えばサッシにガラスをはめ込んだガラス窓は、ガラスとサッシの両方の性能をあわせて評価されるため、サッシと組み合わせるガラスの種類など、窓の構成によって変わります。

　種類は、アルミニウム、樹脂、木製、これらを合わせた複合サッシなどがあります。アルミサッシは耐久性があり、日本では一般的ですが、熱を伝えやすいため、断熱性能が低くなります。北海道や東北などの寒冷地では、断熱性を補うために塩化ビニール樹脂を材料とした樹脂サッシが普及しています。

　さらに高い断熱性能を持つのが木製サッシです。材料の熱伝導率で比較すると、木材はアルミニウム、塩化ビニールと比べて熱が伝わりにくく、アルミニウム、樹脂、木製の順に断熱性能が高くなります。

　複合サッシは、屋外側にアルミニウム、室内側に樹脂を使います（図3-11-2）。断熱サッシは、このアルミ樹脂複合サッシ以上の性能のものをいいます。

図 3-11-1　気密等級線

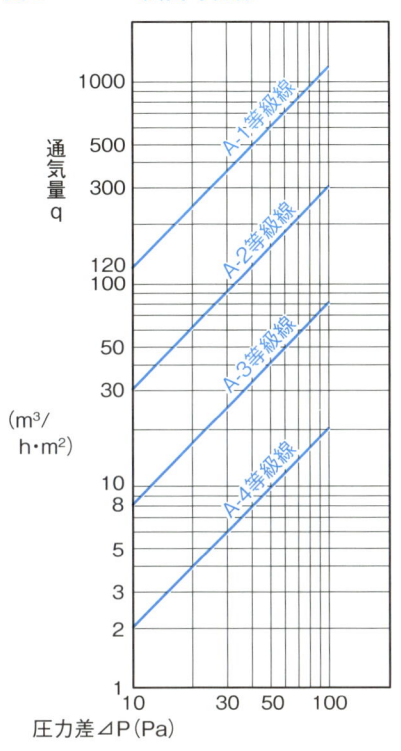

表 3-11-1　サッシの断熱性能

等級	熱貫流抵抗 1/U ㎡・K/W	熱貫流率 U W/㎡・K
H-1	0.215 以上	4.651
H-2	0.246 以上	4.065
H-3	0.287 以上	3.484
H-4	0.344 以上	2.907
H-5	0.430 以上	2.326

（出典：JIS　A4706：2000（JSMA/JSA）　サッシ
　　　　JIS　A4706：2007（JSMA）　サッシ（追補1）
　　　　JIS　A4706：2007（JSMA）　サッシ（追補2）
　　　　㈶日本規格協会）

図 3-11-2　アルミ樹脂複合サッシのイメージ

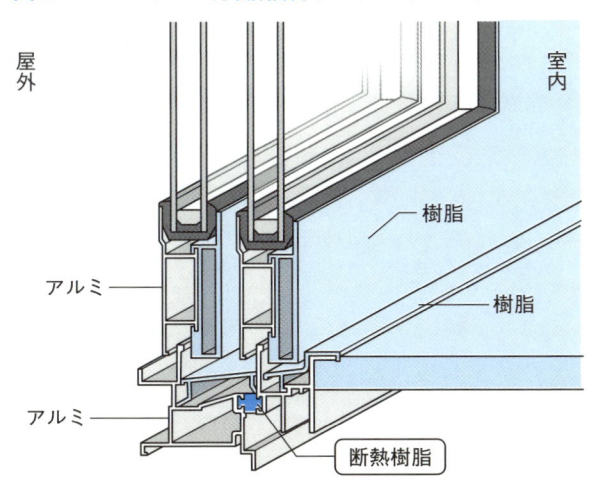

> **❗ 適切な断熱材を選ぶ**
>
> 　断熱をすることは、少しずつ浸透し始めていますが、まだ浸透しきれているとはいいきれない状況にあります。過去に、耐火や断熱にアスベストが使われたときがあり、社会問題になりました。
>
> 　アスベストの例も含め、断熱材を使用するときに、適切な断熱材を選んではいないように思うときが多々あります。もっと断熱材の選定に気をつけなければいけないと思います。第二のアスベストを作らないためにも……。

第4章

さまざまな断熱工法

さまざまな断熱工法が提案されています。
これらの特徴を明確にすることで、
断熱工法の理解を深めることを目的としています。

4-1 外断熱

外断熱とは、断熱材を限りなく屋外に面する側に設置する断熱手法で、構造躯体の外側に断熱材を設けたものです。外張断熱は熱容量のあまりない木造や鉄骨造の外壁材の直近内側に屋外側から断熱施工が可能な場合といえ、外張断熱も外断熱の一種といえます。

●外断熱の特徴

外断熱を図に示します（図4-1-1）。外断熱では断熱材で建物全体覆うことができるため、断熱の欠損や、ヒートブリッジ（熱橋）の発生が抑制されます。同時に、主要構造材の熱による膨張と収縮を最小限に抑えることができ、構造部材の疲労を軽減できます。また、外断熱にすることで重要なことが、室内で発生した水蒸気を大気中に放散するのに都合が良いといえます。省エネルギーからは室内側にコンクリート躯体などの熱容量の大きな建築材料を利用することが望ましいといえます。年間空調を行っている場合に外断熱が断熱手法として好ましいとされています。

外断熱にも欠点があります。断熱材を屋外側に設置されたときの防火、防雨、耐風などの対応に腐心しなければなりません。特に躯体から連結する金物の強度、外装材の防火性能や炎、熱による煙、有害ガスの発生に注意することになります。このため、外断熱は建築基準法上利用について種々検証を求められ、外断熱工法として、認定の上使用することになるため費用が嵩むことになります。

●外断熱には通気層を設ける

外断熱では断熱材の結露発生（内部結露）を抑えるため、通気層を設けます。断熱材に含まれる水蒸気を通気層を使って排出します。このため、通気層の入口は外壁の最下部に、出口は頂部に設けることで自然通気が確保される必要があります。

図 4-1-1 外断熱のイメージ

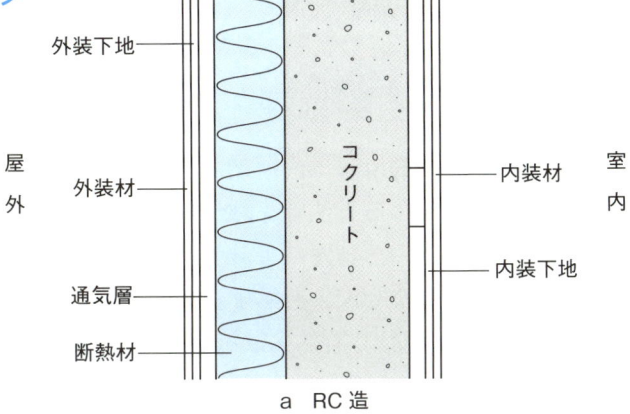

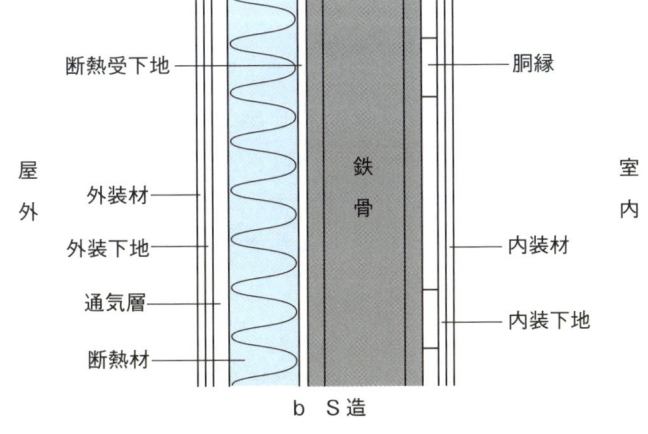

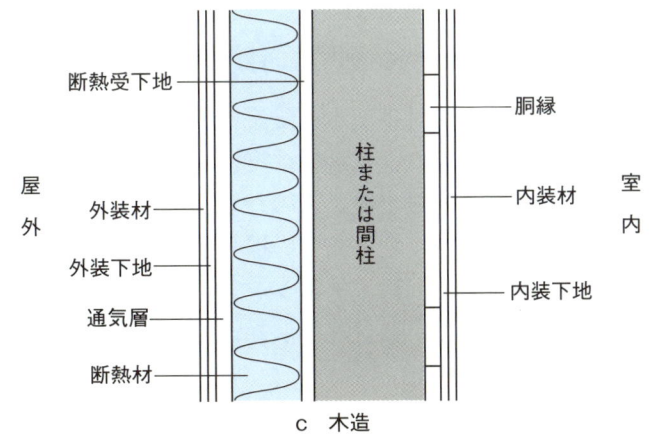

a　RC造

屋外 — 外装下地／外装材／通気層／断熱材 — コンクリート — 内装材／内装下地 — 室内

b　S造

屋外 — 断熱受下地／外装材／外装下地／通気層／断熱材 — 鉄骨 — 胴縁／内装材／内装下地 — 室内

c　木造

屋外 — 断熱受下地／外装材／外装下地／通気層／断熱材 — 柱または間柱 — 胴縁／内装材／内装下地 — 室内

a〜c 共通
1. 防湿気密シートは胴縁に取付けて、内装下地で押さえる。
2. 透湿防水シートは断熱材の通気層側に設ける。必須となる。

4・さまざまな断熱工法

4-2 内断熱

　建築断熱の一般的手法は内断熱です。内断熱は、断熱材を躯体の室内空間側や柱間に取り付ける方法で、施工費用も安価にすることができます。しかし、断熱工法では内部結露によって、断熱欠損や壁内腐朽が起こらないようにしなければなりません。断熱手法を知らなかったとき（オイルショック時期）、この断熱が流行り断熱失敗例が多く出現しました。

●内断熱の特徴

　内断熱の一般的事例を図に示します（図4-2-1）。内断熱は防災上や耐水、耐風上の措置をあまり気にせず、構造壁の内側に断熱施工を行うことができます。当然、屋根や床に断熱を施工したときも、同様に扱うこととなります。内断熱の一種となる充填断熱は、空気層が生じないように、断熱材を隙間なく壁内空間に充填する方法です。

　建築意匠は建築を作る大きな要素となっています。内断熱の設計は建築の表現自由度が、外断熱より高いところにあることで、建築家の創作活動を妨げにくい断熱手法ともいえます。また、維持管理上から考えても、内断熱の方が容易となりますが、断熱材中に侵入した水蒸気処理に着目すると、外断熱よりは水蒸気の放出処理が困難な場合が多くなります。

●内断熱には防湿気密シートを設ける

　一般的には外壁材は防水、耐風に優れているため、水蒸気の放散がしにくくなります。つまり、水蒸気は室内から屋外に流れ出ますが、その抵抗が屋外側で強くなるからです。このため、結果的には水蒸気が壁内部に停滞する可能性が多くなり、結露発生の機会が増えることとなります。そのため、内部結露防止として、防湿気密シートの施工と断熱材の選定に気を使うことが必要です。さらに、通気層があれば完璧となります。

図 4-2-1 内断熱のイメージ

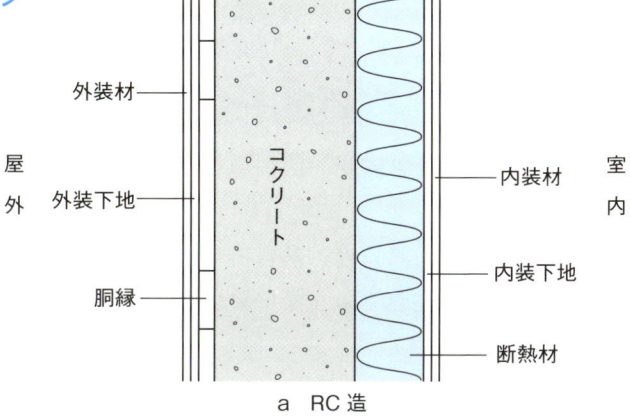

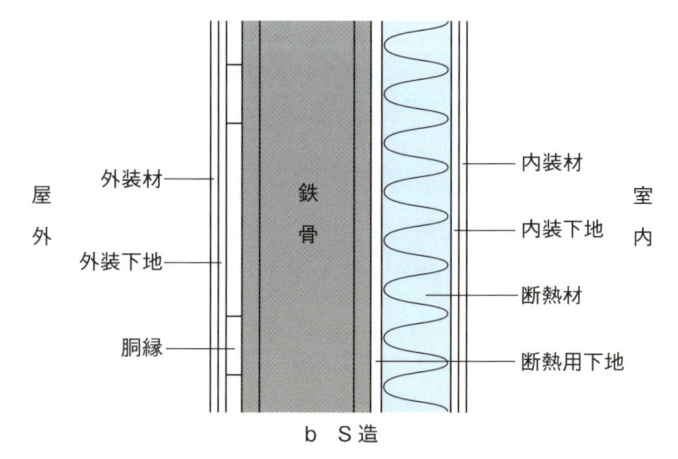

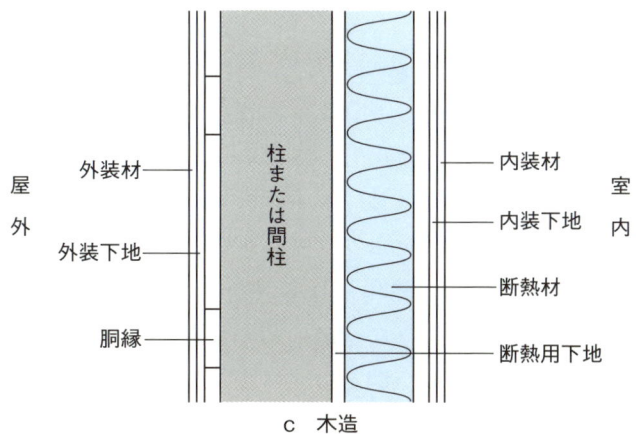

a RC造

屋外 — 外装材／外装下地／胴縁／コンクリート／断熱材／内装下地／内装材 — 室内

b S造

屋外 — 外装材／外装下地／胴縁／鉄骨／断熱材／断熱用下地／内装下地／内装材 — 室内

c 木造

屋外 — 外装材／外装下地／胴縁／柱または間柱／断熱材／断熱用下地／内装下地／内装材 — 室内

a〜c 共通
　防湿気密シートは断熱材の室内側に設置する。

b〜c 共通
　断熱材を図示で施工する場と柱間に入れる方法がある。一般に後者を充てん断熱工法ともよぶ。

4・さまざまな断熱工法

4-3 中断熱

　断熱は一般には外断熱と内断熱です。この「中断熱(なかだんねつ)」は、著者によって提言された断熱手法で、「淡交白屋」で採用しました。内外コンクリート打放しはペアガラスと同程度の熱貫流率で、これで建物全体を被うには、熱的に不利です。意匠性をそのままに熱的改善を中断熱で可能にしました。

●中断熱の特徴

　中断熱を図に示します（図4-3-1）。省エネルギーのために断熱材を使用しますが、内外共打放しコンクリートの場合には、断熱材が用いられません。そのために、室内の温熱環境は最悪で、夏は室内への熱流が夜6〜7時にピークを迎えて夜10時過ぎまで室内側への放熱が続きます。

　一方、冬は室内で暖房すると、室内側の表面温度が低いため結露が発生します。結露は中間期の気候の急変時にも短期的に発生するため、年間の4分の3は結露発生可能状態を覚悟しなければなりません。しかし、日本の建築界では、打放しコンクリート建築の意匠的質がかなり高いところに定着しているため、熱的欠点を建築の質で許容しています。

●中断熱は蓄熱効果が大きい

　打放しコンクリートを十分に表現しながら、熱的な欠点を補う方法でプリミティブ空調を提案しているのが、「中断熱」です。外見上は打放しコンクリートですが、コンクリート躯体が多少厚く、コンクリート壁の中間に断熱材が入れられ、従来のコンクリート打放しの熱的欠点を改善しているのです。通常の打放しコンクリートと比較し、熱貫流率は約4分の1になり、中断熱により室内側躯体（コンクリート）の熱容量を蓄熱材として利用することで、室内の熱的変動が緩和され室温変動が小さくなります（湿度も同様）。このことをプリミティブな空調の第一歩と考えられています。

　つまり、室内で空調を行えばすぐには暖かくなったり、冷えたりはしませんが、一度適温になると安定した室温が維持されます。

図 4-3-1　中断熱のイメージ

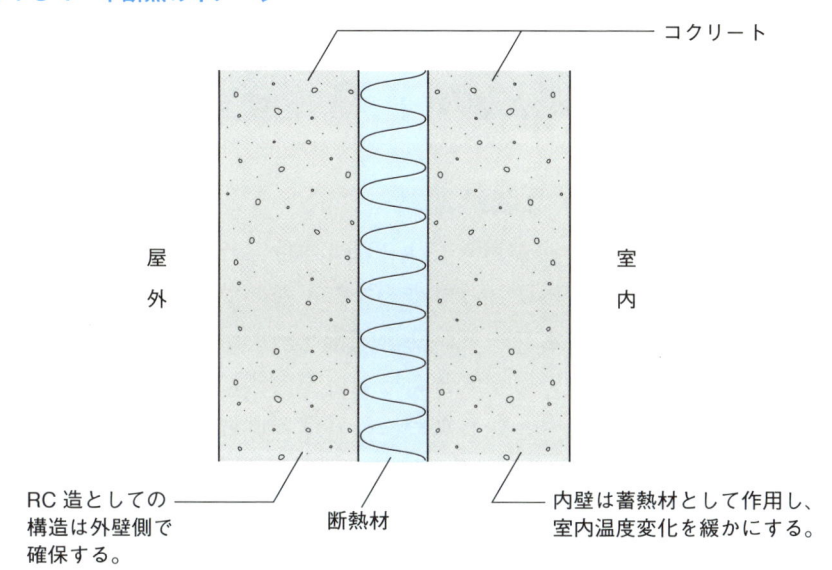

コクリート
屋外
室内
RC 造としての構造は外壁側で確保する。
断熱材
内壁は蓄熱材として作用し、室内温度変化を緩かにする。

中断熱用断熱材は圧力に強い断熱材とし発泡系断熱材を用いることがよい

4・さまざまな断熱工法

⚠️「足るを知る」エネルギー使用が浸透

　これまでのエネルギー使用の削減は負荷を軽減したり、機器効率の向上に依っていました。しかし、東日本大震災以降、快適条件化でのエネルギー使用の削減ではなく、快適条件範囲そのものの変更も視野に入れたエネルギー使用削減が理解を得てきています。

　つまり、エネルギー使用に対する「足るを知る」考え方が共感を得るようになってきたのです。

4-4 断熱補助

●断熱施工に必要不可欠な断熱補助

　断熱施工には、種々の方法があります（図4-4-1）。そのとき、断熱材に結露を発生させないことが断熱にとって重要なことなのです。そのための必需品として、通気層、透湿防水シート、防湿気密シートがあげられます。外断熱を十分な工法とするために防湿気密シートを室内側に設けるとよいでしょう。内断熱を完全なシステムとするために、外壁の直近に通気層を確保すると安心です。

①通気層

　通気層は断熱材に含まれた水蒸気を大気中に放湿させる役目があります。さらに2次的な作用ですが、夏期の外壁面湿度上昇による冷房負荷増加の影響を抑える役目があります。ときどき外断熱工法にしか設けない考え方にふれることがありますが、決してよいとはいえません。仮に通気層を中止しても大丈夫かは、シミュレーションをして内部結露の発生が無いことを確認する必要があります。

②透湿防水シート

　外断熱の断熱材は通気層との間に透湿防水シートを設けます。通気層から雨水の侵入があったとき、断熱材をぬらさないための防水シートとなります。
　一方、断熱材に含まれた水蒸気を通気層に放湿するためにも透湿性能を合わせ持つ必要があります。また、レインウエアーで防水をしながら体内の水蒸気を放出できるその機能と同じものが求められています。

③防湿気密シート

　一般に室内は水蒸気分圧が屋外よりは高くなっています。そのため室内から屋外へ湿気が移動しているといえます。この水分移動を抑えるのが防湿気密シートの役目で、断熱材中に侵入した水分量が多くなると結露しやすくなります。そのため侵入水分量を抑制して、結露防止の役目を荷っています。

図 4-4-1 断熱補助のイメージ

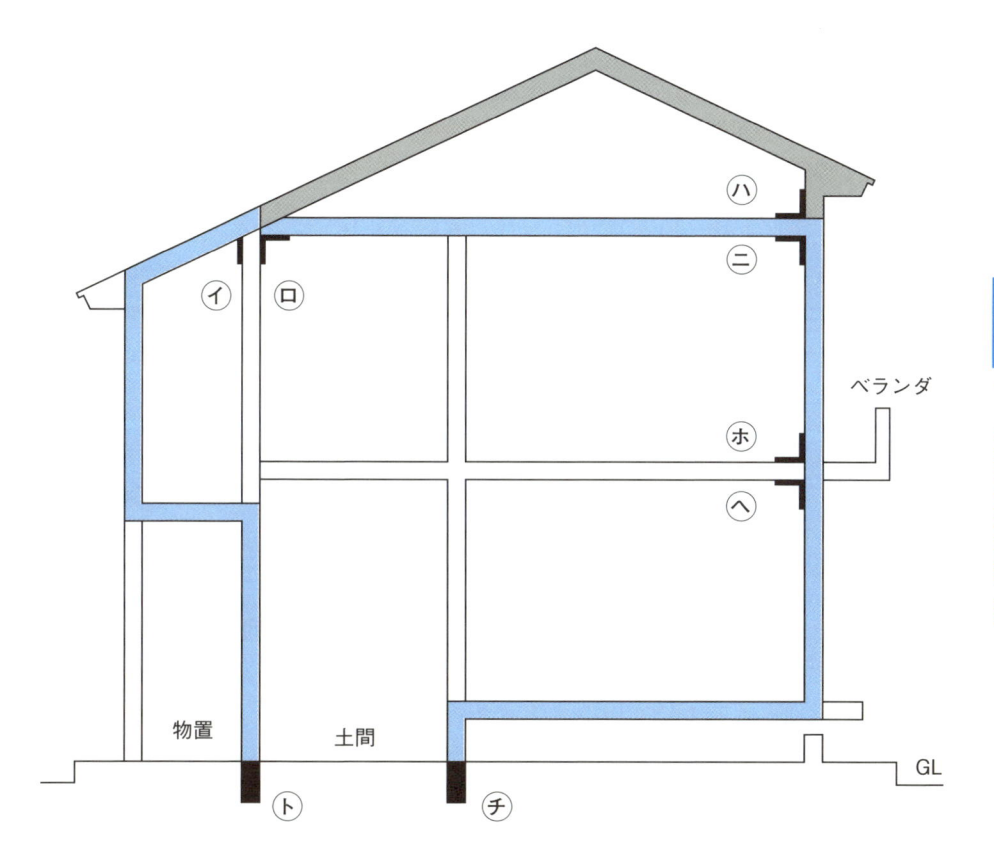

```
：断熱する部分

：断熱補強となる部
（外断熱とした時イ、ロ、ハは除くことができる。）

：屋根断熱とすればイ、ロ、ハ、ニは無用となる
　ホ、ヘ、チ、トはヒートブリッチのため断熱補強を行う
```

4-5 ブローイング工法

●隙間ができず工期も短い

　ブローイング工法は専用機械により、断熱材をエアーでホースの中を圧送し、隙間なく吹込む工法で、狭い箇所においても比較的容易に吹込むことができます（図4-5-1、図4-5-2）。

　また、施工厚さが自由に設定でき、隙間を生じることなく均一に断熱ができる工法です（図4-5-3）。

　短時間で断熱材を入れることができるので、工期を短期間で終わらせることができ、新築はもちろんのことリフォームにおいて天井裏や壁の空隙など狭く、障害物がある箇所においても断熱材を施工できる工法です。

　ブローイングの断熱材の素材としては、ロックウール（RW）、グラスウール（GW）、セルローズファイバー（CF）などの繊維系が使用されます。その中でも繊維系断熱材は、ロックウール、グラスウールなどの無機繊維系素材、セルローズファイバーの木質繊維系素材に分類されます。

　また、優れた吸音特性を持った断熱材を使用することにより、日常生活で発生する生活騒音や、屋外で発生する騒音に対して高い吸音性能を発揮することが可能です。

> ⚠ **ヒートブリッジの何が悪い**
>
> 　ヒートブリッジが理解されるようになってから、狭義的にヒートブリッジが発生する場所は断熱仕様の境界上の場所ともいえます。しかし、その部分でのヒートブリッジで何ら支障や損害がなければ、目くじらを立てる必要はありません。

図 4-5-1　ブローイング工法のイメージ

隙間を作らず均一に断熱

断熱材

図 4-5-2　ブローイング工法による天井裏への施工

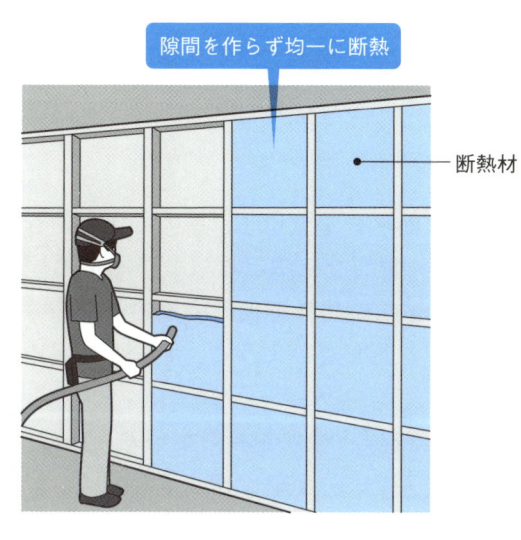

（写真提供：ロックウール工業会）

図 4-5-3　ブローイング工法と在来木造住宅の断熱施工の比較

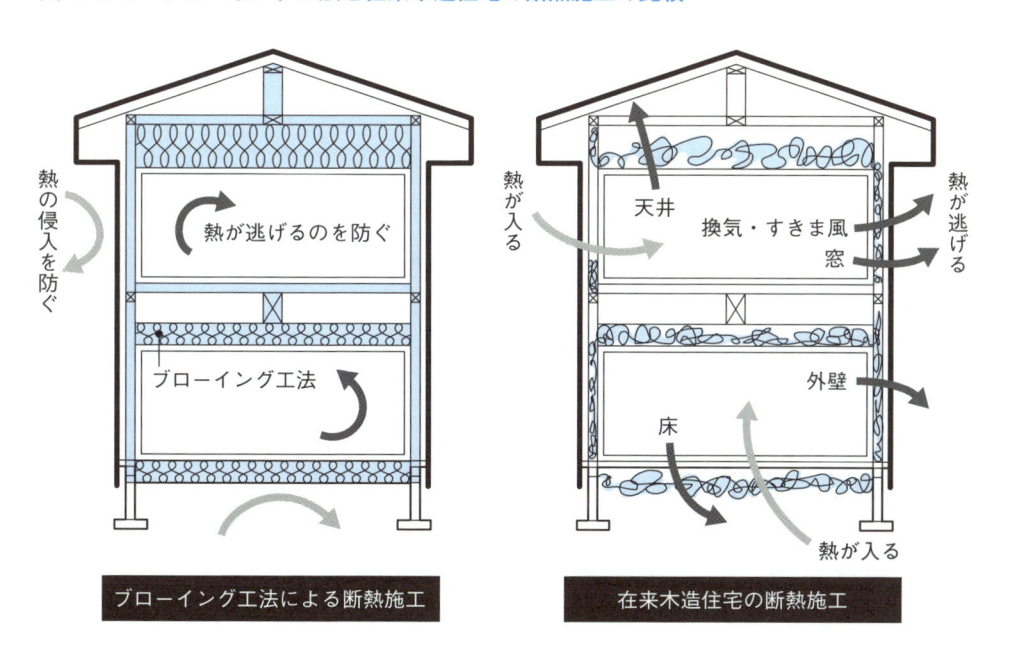

熱の侵入を防ぐ

熱が逃げるのを防ぐ

ブローイング工法

ブローイング工法による断熱施工

熱が入る

天井
換気・すきま風
窓

熱が逃げる

床
外壁

熱が入る

在来木造住宅の断熱施工

4・さまざまな断熱工法

4-6 充填工法

●戸建て住宅で一般的な断熱工法

充填工法とは、建物の柱間や壁の内側に断熱材を充填し、室内を包むようにする断熱工法で、戸建て住宅において一般的な工法となっています（図4-6-1）。この場合、ロックウールなどの繊維系断熱材を使用するのが普通ですが、壁の中に屋外・屋内からの湿気が流れ込まないように、完全な防湿処理が必要となります（図4-6-2）。

防湿処理の施工が不十分だと断熱材が水を吸う性質を持っているために、防湿・気密性能が劣る部分から水蒸気が侵入し、外気側で冷やされることで、内部結露が発生する危険性があります。

壁体内の内部結露の状態が長引くと、柱や土台を腐らせる原因となり、建物の強度が失われる可能性もあるので、施工にも十分な知識と確実な施工が求められます。

> **❗ 通気層は大きくしない**
>
> 外断熱工法では通気層を外装材と断熱材の間に設けます。このとき、通気層の厚さをあまり厚くしないようにすることが重要で、どんなに厚くても、20mmを限度にしましょう。

図 4-6-1　充填工法のイメージ

室内／屋外
通気層
屋外
小屋裏換気口
室内
断熱材
床下
→：通気流

室内／屋外
湿気の侵入を防ぐ
湿気の侵入を防ぐ
内装材
防湿気密シート
断熱材
透湿防水シート
通気層
外壁材

4・さまざまな断熱工法

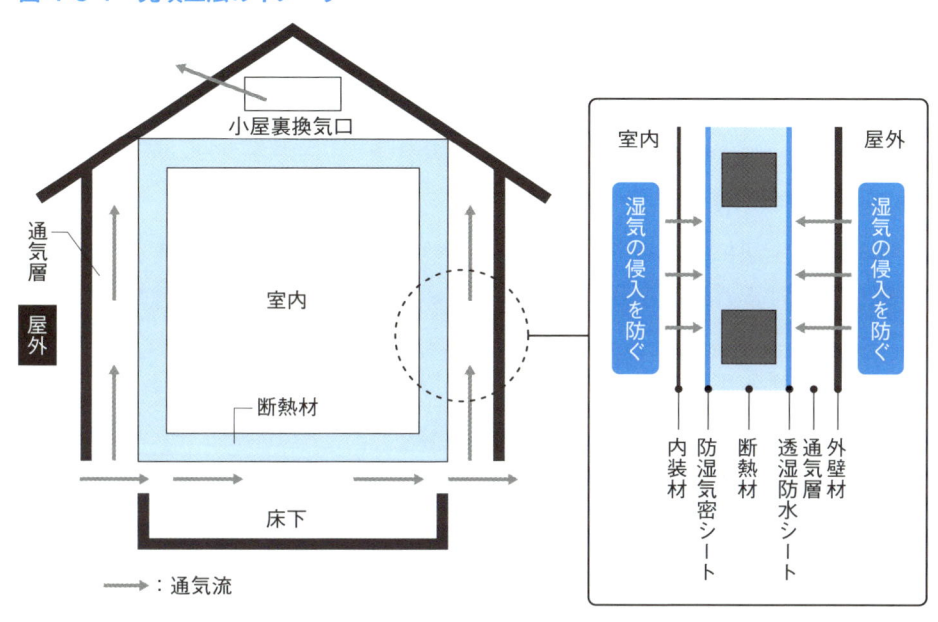

図 4-6-2　充填工法の施工構造

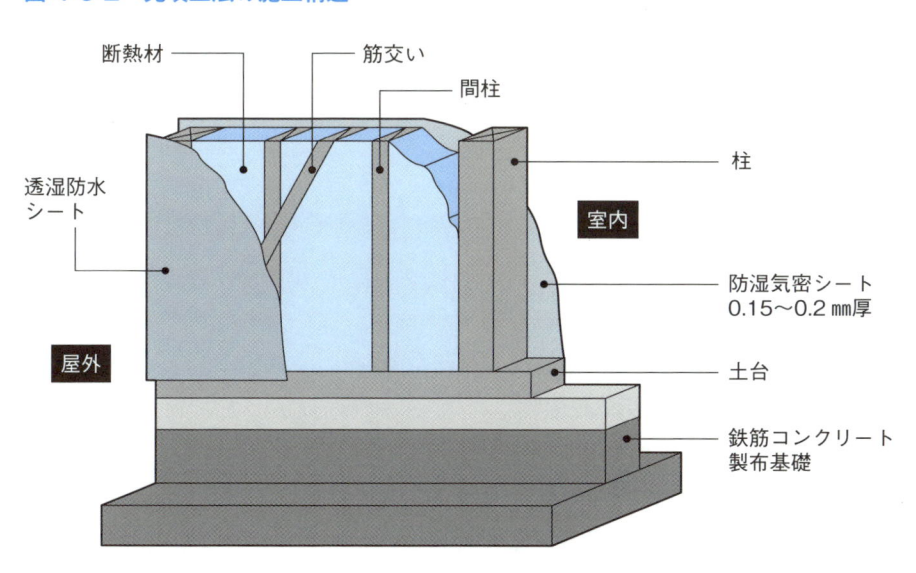

断熱材
筋交い
間柱
柱
透湿防水シート
室内
屋外
防湿気密シート 0.15～0.2 mm厚
土台
鉄筋コンクリート製布基礎

4-7 断熱防水

●断熱防水により熱から建物を守る

　断熱防水工法における断熱工法としては、屋上スラブの屋外側（上面）に断熱材を設ける外断熱工法と屋上スラブの内側（下面）に断熱材を設ける内断熱があります。

　また、外断熱工法において防水層の位置を断熱材の上に防水層を積層するBUR（built-up loof）工法と屋根スラブの上に防水施工を行い、その防水層の上に断熱材を張るUSD（upsaide down）工法があります。

　さらに、USD工法では人が歩くことがない場合や歩いても軽歩行程度の場合は防水層を露出仕上げとした露出防水工法、歩行がある場合は防水層の上に押えコンクリートや砂利を載せた保護防水工法があります（図4-7-1）。

　USD工法は外断熱なのでスラブの急激な温度変化を防止でき、屋上階スラブが保護されます。また、断熱性の向上により快適な居住環境が測れます（図4-7-2）。

> **❗ ペアガラスは遮音に注意**
>
> 　ペアガラスによって断熱性と遮音性が向上したと考えている方が以外に多くいます。断熱性能は確かに向上しますが、遮音性能が上がっていない場合もあります。遮音性能を向上させるために2枚のガラスの厚さを変えて、太鼓現象も防止することが肝要です。

図 4-7-1 断熱防水工法のイメージ

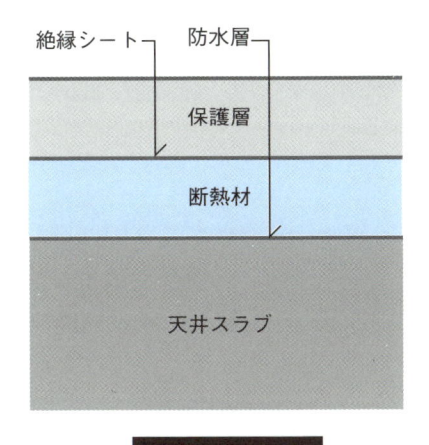

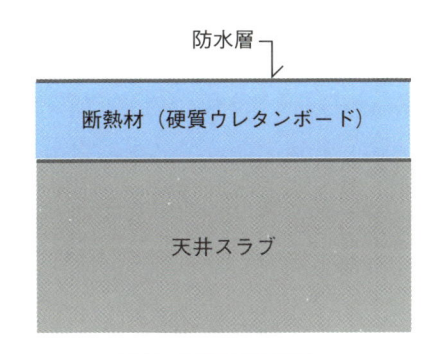

断熱保護防水工法
- 絶縁シート
- 防水層
- 保護層
- 断熱材
- 天井スラブ

断熱露出防水工法
- 防水層
- 断熱材（硬質ウレタンボード）
- 天井スラブ

図 4-7-2 断熱防水による断熱性能の向上

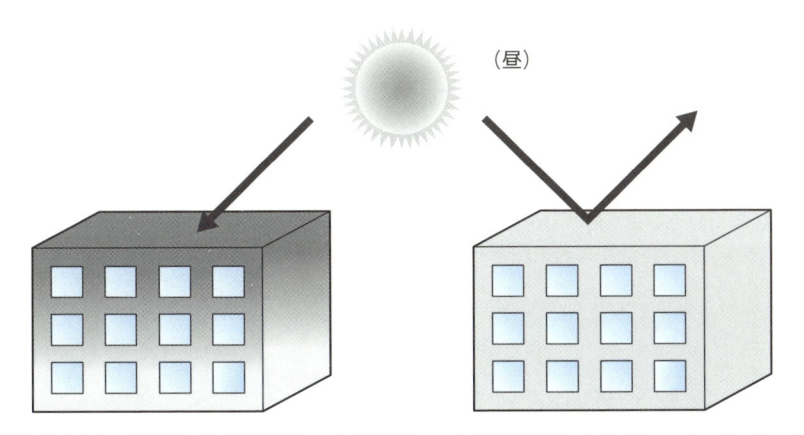

（昼）

熱が直接最上階スラブに伝わり、蓄熱され建物内部の温度は上昇を続ける。
断熱防水施工なし

熱をシャットアウトし、最上階スラブを熱から守るため、快適に過ごすことができる。
断熱防水施工あり

4・さまざまな断熱工法

4-8 内張り断熱

●問題の多い内張り断熱工法だが…

　内張り断熱工法は、外壁や屋根など躯体の内側に断熱材を取り付ける工法です。木造の場合は充填工法となりますが、ここでは、区別して紹介します。

　日本ではマンションなどの鉄筋コンクリート造（RC造）や鉄骨鉄筋コンクリート造（SRC造）の建物は、大半が内側から断熱材をとりつけた内張り断熱工法が採用されています。

　躯体の内側に断熱材を施工するため、夏は太陽により熱で温まったコンクリートに囲まれ、冬は冷たい外気により冷えきったコンクリートに囲まれて暮らすことになります（図4-8-1）。

　内張り断熱工法は、各階の床で外壁の断熱材が途切れ、その部分が熱橋（ヒートブリッジ）となります（図4-8-2）。外壁と天井が接する部分では結露が発生しやすく、断熱材とコンクリートの間でも内部結露が発生してしまいます。

　このようにコンクリート造の建物に対しての内張り断熱工法は問題が多いのですが、地震の多い日本では技術的に外断熱工法と耐震性との両立が難しく、またコスト的にも上がってしまうので、内張り断熱工法の採用が多くなっています。

図 4-8-1　RC造における内張り断熱工法と外張り断熱工法

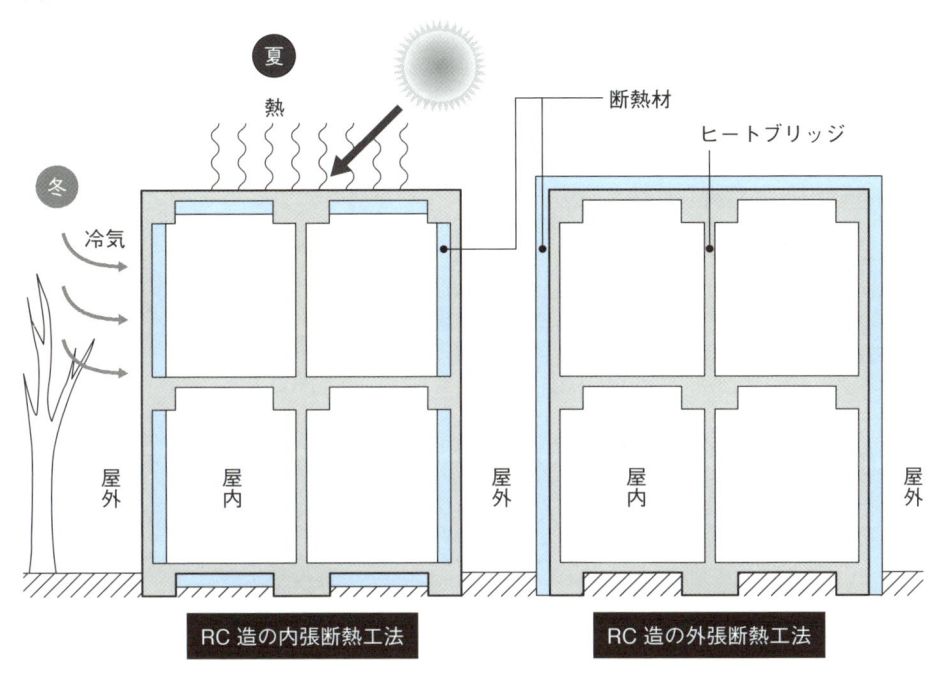

RC造の内張断熱工法

RC造の外張断熱工法

図 4-8-2　熱橋（ヒートブリッジ）と断熱補強の例

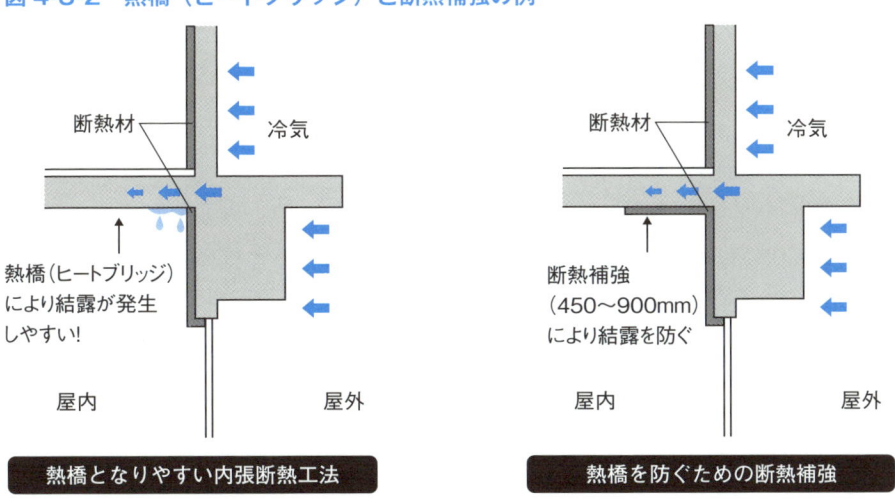

熱橋（ヒートブリッジ）により結露が発生しやすい！

断熱補強（450〜900mm）により結露を防ぐ

熱橋となりやすい内張断熱工法

熱橋を防ぐための断熱補強

4・さまざまな断熱工法

4-9 外張り断熱

●高断熱の外張り断熱工法

外張り断熱工法は、構造体の柱と外壁材の間に断熱材を施工する工法です。断熱材が途切れないので家の断熱効果が非常に高いとされています（図4-9-1）。

鉄骨造（S造）は、躯体の熱伝導率がよいため蓄熱性がないことや鉄骨が熱橋（ヒートブリッジ）となってしまうので、外張り断熱が適しています。

外張り断熱は、一般的にプラスチック系ボードが使用されます。繊維系技術の発展により繊維系のボードが使われることも少なくありません。それ以外に、炭化コルクで外張りをすることもあります。

●外張り断熱の特徴

外張り断熱のメリット

①断熱効果が高い

建物の外周を断熱材で覆うので、断熱効果が高くなります。そのため、外気温の影響に左右されにくいので、室内の冷暖房効率も高まり、省エネ効果が期待できます。また、断熱効果が高いと、結露防止にもなります。

②柱などを断熱材で覆う必要がない

充填断熱では柱と柱の間に断熱材を充填しますが、外張り断熱では家の外側を断熱材で覆います。そのため、室内側の柱と柱の間は空間として利用でき、室内空間が広くとれます。また、柱が断熱材に覆われることがないので、柱の通気性が高くなり腐食の可能性が低くなります。さらに、室内側の壁面構造がシンプルになるので、配管や電気配線などの融通性が非常に高くなり便利です。

③施工が比較的しやすい

躯体の外側から施工するため障害物に左右されず、施工は比較的しやすいです。

外張り断熱のデメリット

①建築費用が高くなる

　外側に断熱を行うため、施工工程が増え価格が高くなります。

②外壁の安定性の問題

　外張り断熱は、断熱材の上に外壁を設置します。断熱材と外壁の固定がしっかりと行われていないと、経年劣化や地震の際に外壁がずれるおそれがあります。

図 4-9-1　外張り断熱工法のイメージ

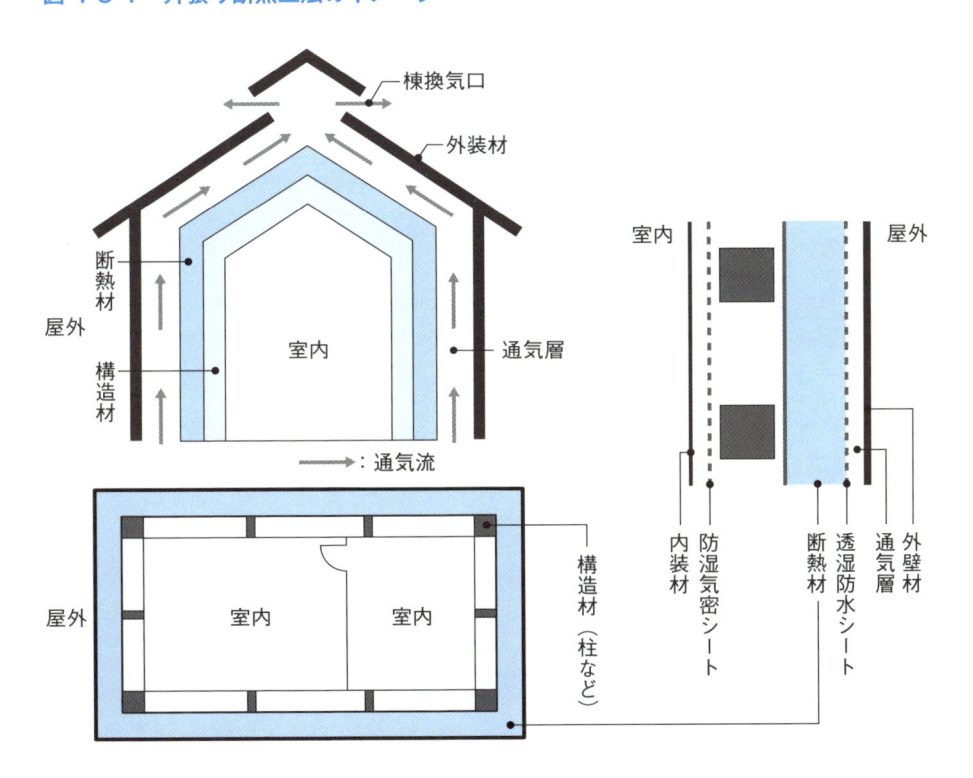

4-10 通気層工法

●通気層工法の基本的な原理

通気層工法とは、外壁側に透湿防水シートを貼り、さらに外壁との間に15㎜程度の空気層を設けることによって壁体内の湿気を空気層から排出する工法です。

外壁の上部と下部に空気の通り道をつくり空気層を空気が流れるようにしています。壁体内の結露を防止することにより、建物の耐久性を高めることになります。

●複層下地工法

構造躯体により通気層を設ける工法です。

構造躯体に構造用合板または小巾板などの面材・透湿防水シート・通気銅縁を施工し、その上からさらに合板または小巾板を張り、通気層を設けてから防水紙・ラス・モルタルを施工します（図 4-10-1）。

通気層を設けることで、透湿防水シート（水を通さず、湿気を通す性質を持つシート）から排出される壁体内の湿気を外部に放出させ、結露を減らして建物の耐久性を向上させます。

●単層下地工法

通気ラス（紙付きリブラス）を用いて通気層を設ける工法です。

構造躯体に構造用合板または小巾板などの面材・透湿防水シート・通気銅縁（サポート銅縁）を施工し、その上から紙付きリブラスを張ることにより通気層を設けてからモルタルを施工します（図 4-10-2）。

通気層を設けることで、透湿防水シート（水を通さず、湿気を通す性質を持つシート）から排出される壁体内の湿気を外部に放出させ、結露を減らして建物の耐久性を向上させます。

図 4-10-1 複層下地工法のイメージ

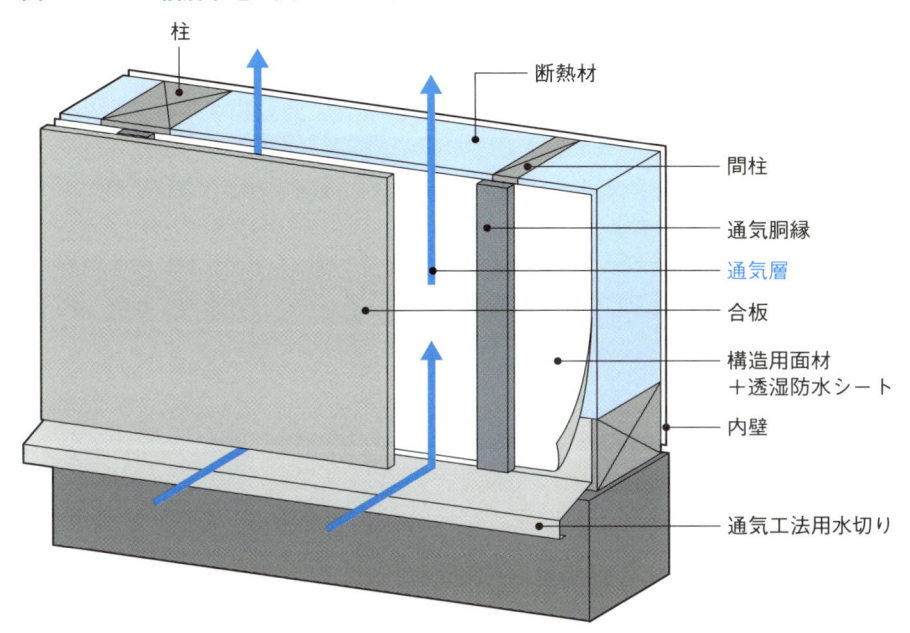

- 柱
- 断熱材
- 間柱
- 通気胴縁
- 通気層
- 合板
- 構造用面材＋透湿防水シート
- 内壁
- 通気工法用水切り

図 4-10-2 単層下地工法のイメージ

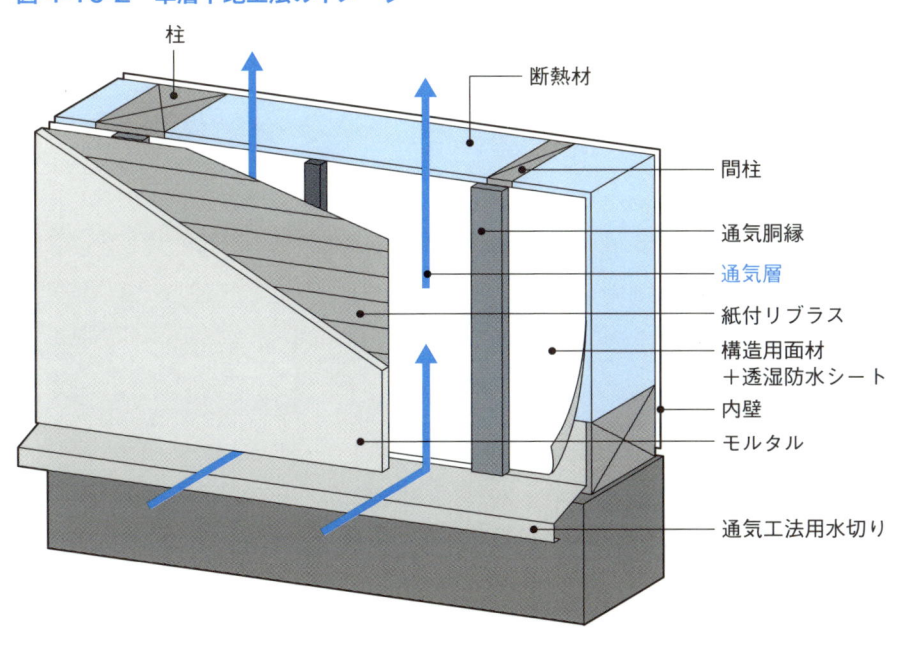

- 柱
- 断熱材
- 間柱
- 通気胴縁
- 通気層
- 紙付リブラス
- 構造用面材＋透湿防水シート
- 内壁
- モルタル
- 通気工法用水切り

4・さまざまな断熱工法

> 💬 **内断熱は安い**
>
> 　断熱をするとき、外断熱工法を検討される方が多いようです。外断熱工法のよさはいろいろとあります。しかし、費用面でいえば、内断熱工法の費用と比べて10倍前後もかかってしまいます。
> 　この費用差のことを考えると、内断熱も真剣に検討すべきではないかと、ついつい考えてしまいます。

第5章

防湿

湿気は空気中に含まれる水蒸気や
生活で発生する水蒸気に起因します。
この湿気を防ぐ方法、あるいは加湿方法を示しながら、
湿気全般についてまとめています。

5-1 乾燥空気

●乾燥空気の組成

　空気とは私たちの身の回りにある無色の気体で、私たちが生きるためにはなくてはならないものです。では、空気の正体は何でしょうか？　空気とは乾燥空気と水蒸気の混合物のことで、これを湿り空気といいます。

　乾燥空気は図5-1-1に示すように、78%を窒素が占めています。人間が生活するために必要な酸素は、空気中には21%しかなく、この2つの物質で全体の99%を占めています。残りの1%にはアルゴン、二酸化炭素などが含まれています。

　地球温暖化の原因の1つとして有名な二酸化炭素は、空気中には0.03%程度含まれています。人間の活動に伴う呼吸や化石燃料の消費などにより、近年は地球上の二酸化炭素濃度が急上昇しています。

●温室効果ガス

　空気中に含まれている二酸化炭素（0.03%）、メタン（0.0002%）、一酸化二窒素（0.00005%）は温室効果ガスとよばれ、地球温暖化の原因物質と考えられています。

　産業革命以降、工業機器の発展やセメントの生産、生活スタイルの変化、森林破壊などにより、これらの温室効果ガスが無造作に放出され続けました。温室効果ガスは太陽からの日射エネルギーを透過し、地表面からの赤外線を吸収する特徴を持っています。これまでは地球に出入りする熱量のバランスが取れていたため、地球上の気温も安定していましたが、近年はこのバランスが崩れはじめ、熱が地球から逃げにくくなっています。ちょうど、温室と同様な状態を作りだしていることから、これらの気体は温室効果ガスとよばれています。

　温室効果ガスには地球温暖化への影響を二酸化炭素基準で表した地球温暖化係数というものが定められています（表5-1-1）。二酸化炭素の地球温暖化

係数は小さいのですが、環境中における寿命が長いことなどの理由から、地球温暖化に最も影響の大きい物質であると考えられています。

図 5-1-1　空気の組成

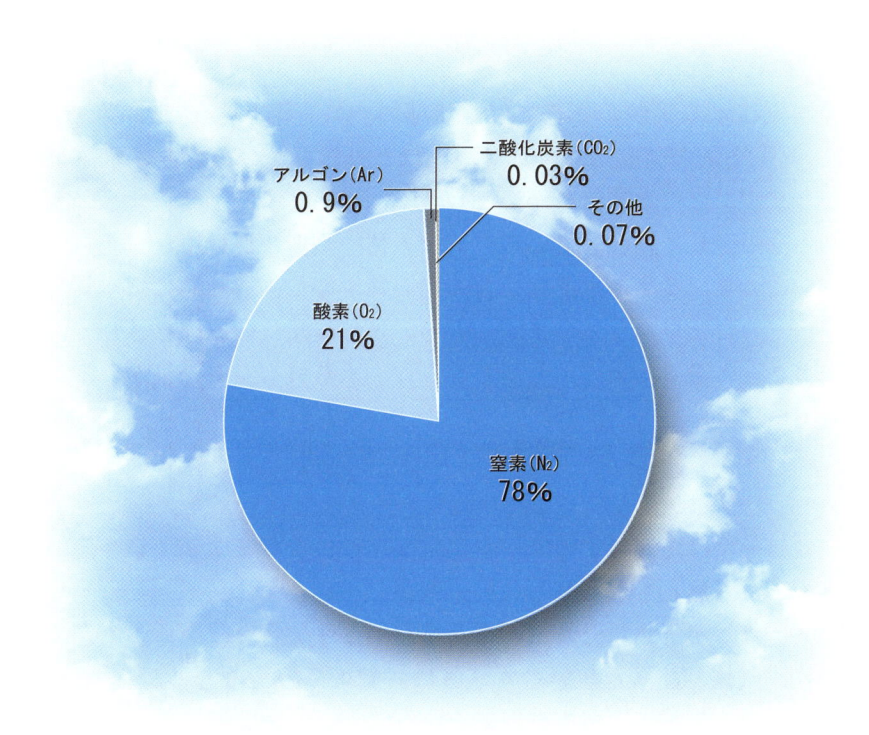

- 二酸化炭素（CO_2） 0.03%
- アルゴン（Ar） 0.9%
- その他 0.07%
- 酸素（O_2） 21%
- 窒素（N_2） 78%

表 5-1-1　地球温暖化係数

気体名	地球温暖化係数
二酸化炭素（CO_2）	1
メタン（CH_4）	21
一酸化二窒素（N_2O）	310
六フッ化硫黄（SF_6）	23100

5-2 湿り空気

●湿り空気＝空気

　乾燥空気に水蒸気が含まれている状態の空気を湿り空気とよびます（図5-2-1）。乾燥空気の温度が高ければ高いほど、含むことのできる水蒸気量は多くなります。この水蒸気量が湿度と深く関連します。

　我々の身の回りに存在している空気は人体や機器、海や川などからの水分蒸発などにより、多くの水蒸気を含んでいますので、一般的には空気とはこの湿り空気のことを示しています。近年、地球温暖化の原因とされている二酸化炭素などの温室効果ガスと同じように、水蒸気も温室効果があることが知られています。

●顕熱と潜熱

　本章のテーマは防湿ですので、水蒸気が主役になりますが、第2章の中心となっていた「熱」も水蒸気と大いに関係しています。

　水蒸気とは水が気化した蒸気のことをいいます。特に、液体の水が沸点以上になり、気体となった状態の水蒸気は、馴染みのあるものだと思います。沸点以上になることで水蒸気になるということは、水蒸気はそれだけの熱量を持っているということです。

　この様子を図5-2-2で見てみます。図は−40℃の氷に熱を与え続けると、物質の状態と温度がどのように変化するかを表しています。−40℃の氷に熱を与え続けていくと、氷の状態のままで氷の温度が上昇していきます。このとき、氷に加えられている熱のことを「顕熱」といいます。ここでは温度にその熱の効果が顕れています。さらに熱を加えていくと、0℃になったときに、温度は0℃のままで、氷から水へと状態が変化します。このとき、氷と水に加えられている熱を「潜熱」といいます。この熱は状態変化に用いられ、温度変化には顕われません。さらに熱を加えると、0℃の水になった状態で温度上昇が始まり、100℃になったときには液体から気体へと状態が変化しま

す。このときの潜熱を蒸発熱とよびます。空調負荷を検討する際には顕熱と潜熱を別々に算出することで、空調設計を行っています。

図 5-2-1　湿り空気のイメージ

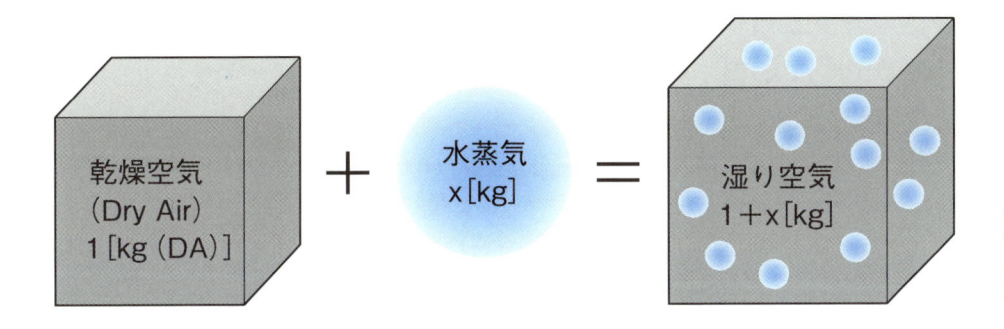

図 5-2-2　水の変化

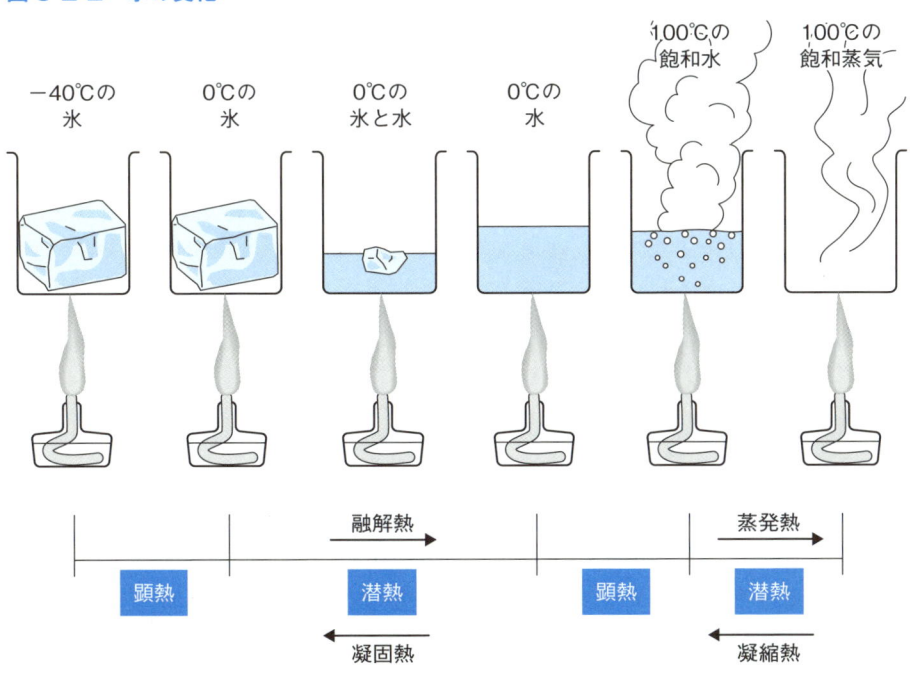

5-3 絶対湿度

●絶対湿度とは何か

前述のように、湿り空気は水蒸気を含みます。この水蒸気の量を表しているのが絶対湿度です。

絶対湿度の単位には［g/kg'］や［g/kg(DA)］が用いられています。単位の分母は乾燥空気の重量であり、一般的な湿り空気の重量と区別するために［'］（プライム）や［DA］（Dry Air）を付けます。分子の水蒸気量にはこれらは付きません。

室内ではさまざまなところから水蒸気量が発生し、それらが室間の空気移動や壁の透湿などにより、建物内を移動しています。室温が室内で発生した熱量と室外に移動した熱量の熱収支によって決まるのと同様に、絶対湿度は室内での水蒸気発生量と移動した水蒸気量の収支によって決まります。

●水蒸気発生量

室内での水蒸気発生・移動において重要なものを以下に示します。
①人体からの発汗や呼吸により発生する水蒸気量
②調理や暖房により発生する水蒸気量
③内装材や家具、衣類等から放湿される水蒸気量
④換気により室内に入る水蒸気量
⑤壁を透湿して室内に入る水蒸気量

表5-3-1に家電や調理器具から発生する水蒸気量を示します。なべ、やかんを使用した調理時には大量の水蒸気が発生することがわかります。また、開放型暖房器具（燃焼による排ガスを室内に排出する暖房器具）を使用した際にも多くの水蒸気が発生することがわかります。冬季にはこれらの水蒸気発生が結露を招く要因となるので、注意が必要です。

表5-3-2にさまざまな作業状態での人体からの水蒸気発生量を示しています。室温が高くなるほど、水蒸気発生量も多くなります。表は一人あたりか

らの発生量ですが、在室者が多くなると室内の湿度環境に大きな影響を与えることがわかります。

表 5-3-1　家電などからの水蒸気発生量

器具	摘要	水蒸気発生量(g/h)
なべ 22cm径	さかんに沸騰、ふたなし	1400〜1500
なべ 22cm径	一般、ふたあり	500〜700
やかん中型	さかんに沸騰、ふたなし	1300〜1400
やかん中型	一般、ふたあり	50
電気オーブントースター	―	0.3
ヘアドライヤー	ブロア形	180
ヘアドライヤー	ヘルメット形	150
コーヒー沸かし(1/2gal)	電気	100
コーヒー沸かし(1/2gal)	ガス	160
グリル類	電気	400〜1400
グリル類	ガス	400〜1700
開放型暖房器具	灯油、ガス	1kW·hの暖房熱量当たり、160g発生。よって、3kWのストーブなら480g/h発生する。

(出典:『建築環境工学教材・環境編』(日本建築学会/1995))

表 5-3-2　人体から水分蒸発量

作業状態	適用建物	人体の代謝量(met)	水分蒸発量(g/h) 室内温度(℃)				
			20	22	24	26	28
椅座(安静時)	劇場、小・中学校	1.0	31	38	46	56	66
椅座(軽作業時)	高等学校	1.1	44	51	62	74	85
事務作業	事務所・ホテル	1.2	59	68	80	91	104
立居	銀行・デパート	1.4	75	84	94	109	123
椅座(中作業時)	レストラン	1.2	82	91	104	121	140
椅座(中作業時)	工業	2.0	138	154	173	196	216
ダンス(中程度)	ダンスホール	2.2	162	180	201	223	243
歩行(4.8km/h)	工場	2.5	194	216	238	259	281
重作業	工場・ボーリング	3.7	310	331	353	370	385

(出典:『建築環境工学教材・環境編』(日本建築学会/1995))

5-4 相対湿度

●湿度〜％とは相対湿度のこと

　空気が含むことのできる最大の水蒸気量は空気温度で決まることは前述しました。ある温度の空気が含むことのできる最大の水蒸気量を飽和絶対湿度といいます。ある温度の空気が現在含んでいる水蒸気量（絶対湿度）の飽和絶対湿度に対する割合を相対湿度とよびます（図5-4-1）。

　湿度を表現する際に一般的に使用される何％というものはこの相対湿度のことを示します。相対湿度が50％とは、その空気が含むことのできる最大の水蒸気量（飽和絶対湿度）に対して、現在は半分の水蒸気を含んでいる状態を示します。また、飽和状態にある空気は相対湿度が100％となります。

●気温と相対湿度の関係

　夏季と冬季での相対湿度50％について考えてみましょう。図5-4-2のように、夏季の空気は温度が高いために飽和絶対湿度も高くなります（多くの水蒸気量を含むことができる）。冬季の空気は温度が低いために飽和絶対湿度が低くなります。それぞれにおいて、飽和絶対湿度の半分の水蒸気量を含んでいる状態を相対湿度50％といいますので、夏季と冬季では同じように相対湿度50％といっても、含まれている水蒸気量は異なることになります。

　東京における11月のある1日の気温、相対湿度、絶対湿度の変化を見てみましょう（図5-4-3左）。日中の気温の上昇とともに相対湿度が低下しています。これは1日を通して、外気の絶対湿度がそれほど変化していないためです。

　また、日本の地域別の月平均相対湿度の年変化を見てみると（図5-4-3右）、太平洋側にある東京では夏季に相対湿度が高く、冬季に相対湿度が低くなっています。気温の低い冬季に相対湿度が低いことで、冬季は空気中の水蒸気量が少ないのです。札幌と日本海側の金沢では夏季は東京と同様に相対湿度が高くなりますが、冬季も同様に相対湿度が高くなります。この地域は冬季

に大量の雪が降るためです。日本は北方側と南方側に加えて、太平洋側と日本海側でも屋外の環境条件が異なります。

図 5-4-1　相対湿度のイメージ

$$相対湿度 = \frac{絶対湿度}{飽和絶対湿度}$$

ある温度での飽和絶対湿度…
　⇨含むことのできる最大水蒸気量
　⇨容器の大きさ

ある温度での絶対湿度…
　⇨水蒸気の量

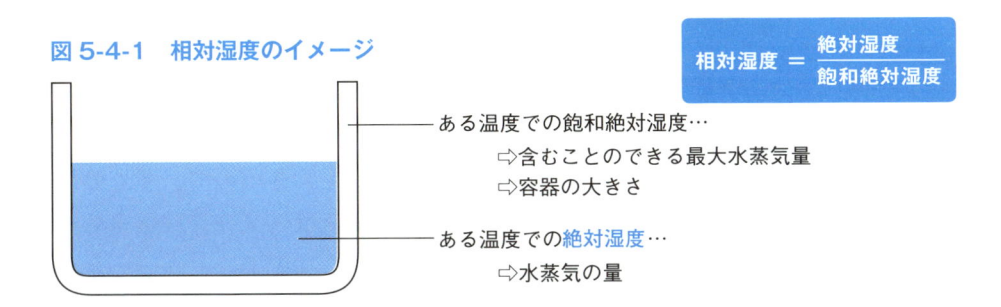

図 5-4-2　夏と冬での相対湿度 50％の状態

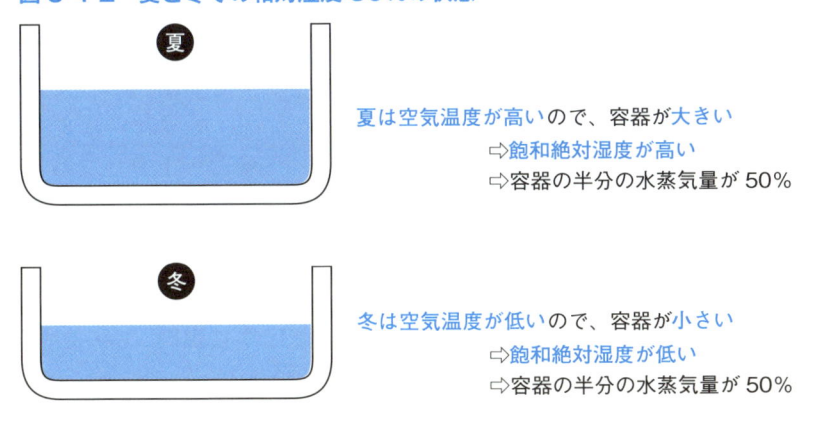

夏

夏は空気温度が高いので、容器が大きい
　⇨飽和絶対湿度が高い
　⇨容器の半分の水蒸気量が 50％

冬

冬は空気温度が低いので、容器が小さい
　⇨飽和絶対湿度が低い
　⇨容器の半分の水蒸気量が 50％

図 5-4-3　気温と相対湿度

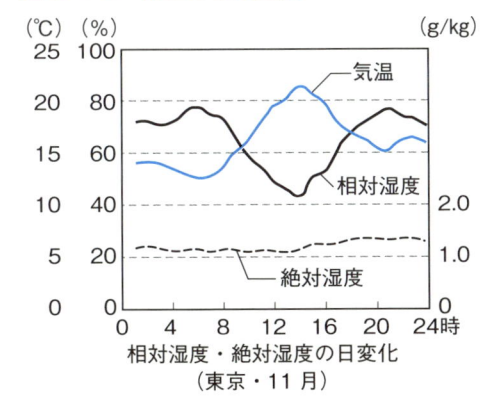

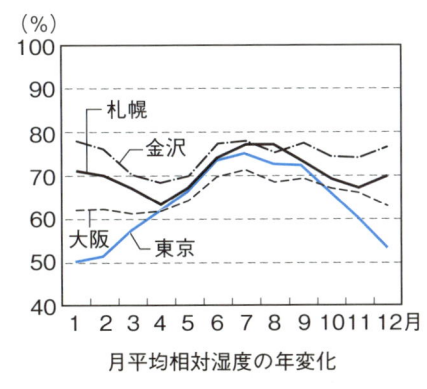

相対湿度・絶対湿度の日変化
（東京・11 月）

月平均相対湿度の年変化

5-5 結露

●結露の発生原理

温度の高い空気は飽和絶対湿度（容器の大きさ）が大きいので、多くの水蒸気量を含みます。例えば、冬季の暖房した室内空気は外気や非暖房室の空気に比べて高温であるため、人体からの放湿や調理、加湿器などからの水蒸気発生により、多くの水蒸気を含んでいる場合があります。この空気が冷えた窓ガラスに触れると、ガラス表面に水滴がつきます。これが「結露」です。

他の身近な例として、冷えた飲み物の入ったコップの周りに水滴がつく現象があげられます。これは、図5-5-1に示すように、多くの水蒸気が含まれた（絶対湿度が高い）状態の暖かい空気（容器が大きい）が冷たい窓ガラス面やコップに触れることにより、急に温度が下がり（容器が小さくなる）、相対湿度100％の飽和状態（容器が水蒸気で満杯の状態）を過ぎると、空気から水蒸気が溢れ、液体の水となって現れるためです。飽和状態になるときの温度を露点温度といいます。したがって、結露はある空気がその空気の露点温度を下回ると発生することになります。露点温度は空気線図（5-9参照）から求めることができます。

結露には壁面やガラス面の表面に水滴が発生する「外部結露（表面結露）」と壁体内などの部材内に発生する「内部結露」があります。それぞれについては後述します。

●冬型結露と夏型結露

結露は冬のみ発生するものと思いがちですが、夏に発生する結露もあります。これを夏型結露とよびます。夏は外気が高温多湿となっています。台風や豪雨の後などは特に多くの水蒸気を含みます。この高温多湿の空気が室内に侵入し、温度の低い部位に触れることで結露が発生します。

夏季の結露は多量の結露水を発生させてしまい、室内温度も高いため、カビの発育に最適な条件となって、短期間で猛烈に増殖してしまいます。床下

や地下室などは特に注意が必要です（図5-5-2）。

図5-5-1　結露発生のメカニズム

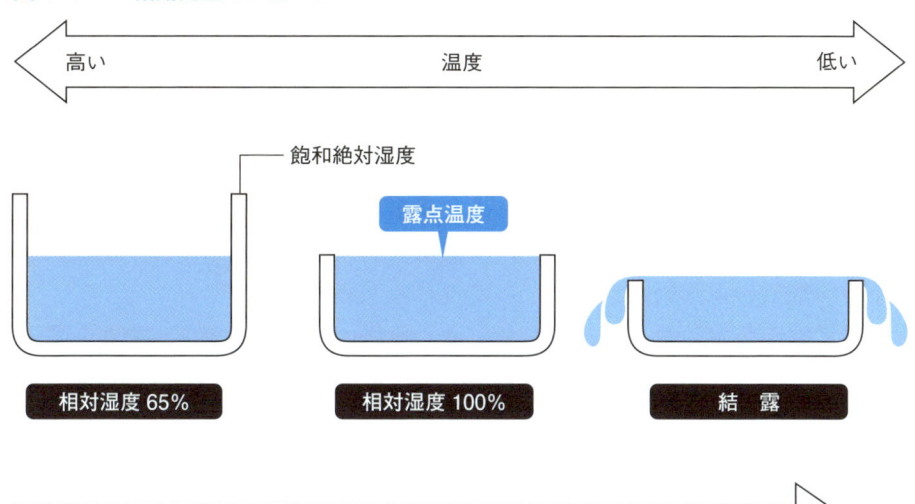

高い　　　　　　　温度　　　　　　　低い

飽和絶対湿度

露点温度

相対湿度65%　　　相対湿度100%　　　結　露

温度低下と共に飽和絶対湿度が減少、露点温度を下回ると結露!!

図5-5-2　地下室や床下における夏型結露

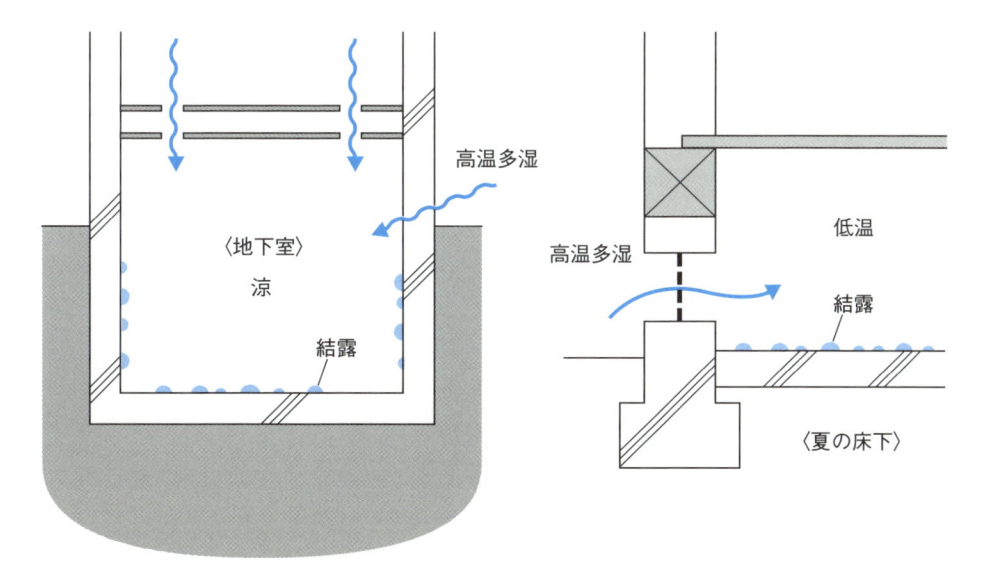

高温多湿

〈地下室〉
涼

結露

高温多湿　　　低温

結露

〈夏の床下〉

5-6 外部結露

●外部結露発生の原理

　冷たいガラスコップの外側に水滴がつく現象や冷えた窓ガラス面に水滴がつく現象を外部結露（表面結露）とよびます。これらは結露の部分で説明があったように、水蒸気を含む空気が冷えた表面に触れることで露点温度以下となり、空気の水蒸気が水滴となって現れるためです。

　外部結露が発生しやすい部位としては、局所的に低温な箇所が発生してしまうヒートブリッジ（熱橋）部や外気に接する面積が大きい建物の隅角部があげられます。また、押し入れの中や家具と壁との間、カーテンとガラスの間も高温高湿の空気が滞留しやすいため、注意が必要です（図5-6-1）。

●外部結露の防止対策

　外部結露の防止対策として、以下の3つがあげられます。
　①湿気の抑制　②断熱の強化　③空気の流動
　①の湿気の抑制とは、室内の水蒸気発生を抑制し、絶対湿度を下げることで、外部結露を防止することです。特に、浴室や厨房などの水蒸気が大量に発生する場所では、適切な局所換気を行うことが必要です。
　②の断熱の強化は、室内側の壁面の表面温度が低くならないように、壁体の断熱性を高め、室内の表面結露を防止する対策です。壁の断熱性を高めるだけでなく、ヒートブリッジ（熱橋）を避けたり、建物の外表面積をなるべく小さくする工夫も必要です。壁体の断熱強化は、表面結露の防止対策以外にも、防寒・防暑設計に関連し、省エネルギーにもつながります。
　③の空気の流動は、壁体表面の空気流動をよくして空気を滞留させないように工夫することです。例えば、押し入れの中に簀子を入れたり、家具と壁とは密着させないなどの対策があげられます。

図 5-6-1　外部結露のしやすい部位

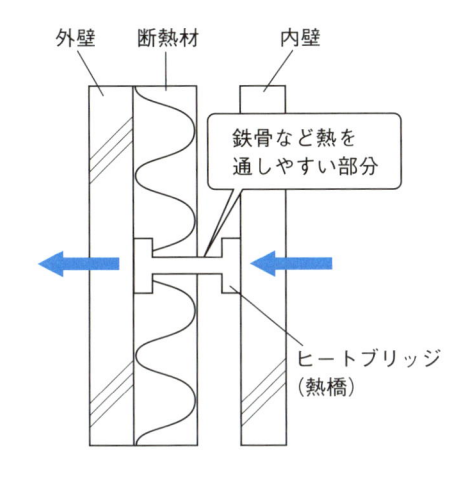

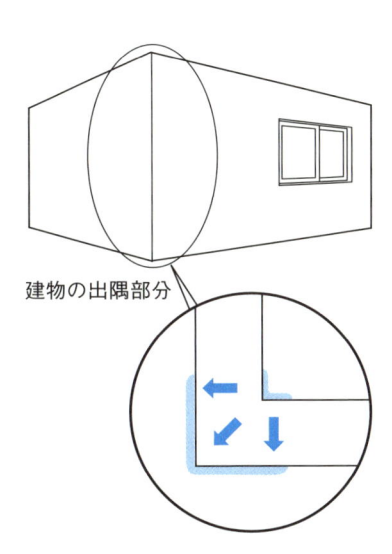

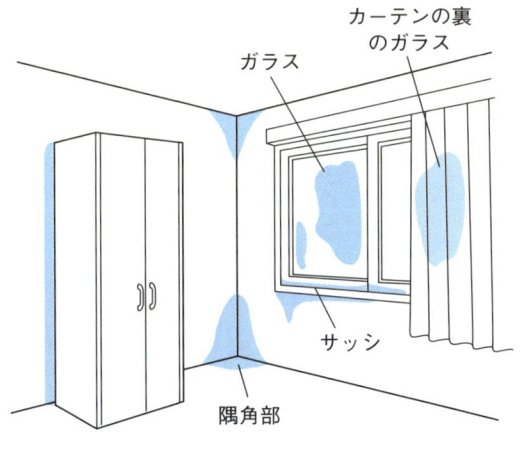

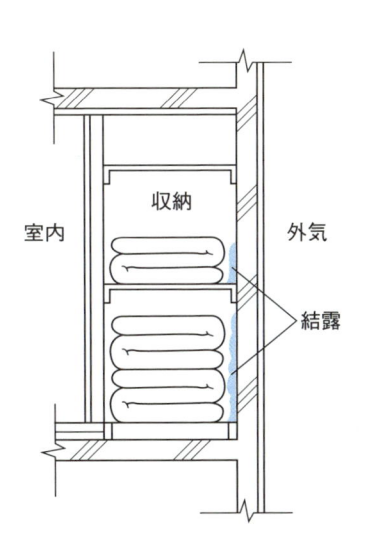

外壁　断熱材　内壁

鉄骨など熱を通しやすい部分

ヒートブリッジ（熱橋）

建物の出隅部分

カーテンの裏のガラス
ガラス
サッシ
隅角部

収納
室内　外気
結露

5・防湿

107

5-7 内部結露

●目に見えづらい内部結露の被害

ガラス表面に発生する結露のように、表面に現れる結露と異なり、壁体内部などの目に見えない箇所に発生する結露を内部結露とよびます。

内部結露は壁や床の下地部材の腐食や劣化、床下に発生した場合は階下の天井付近でカビによる被害を発生させたりします。また、断熱材が水を含有することにより、断熱効果が低くなってしまいます。

発生の原理は表面結露と同様に水蒸気を多く含んだ空気が露点温度以下になることにより、水蒸気が液体の水滴となって現れてしまうことによります。

壁面を構成する部材には水蒸気を通しやすい（透湿しやすい）性質のものとそうでないものがあります。透湿性の高い部材は水蒸気を室内から壁体内へと移動させてしまいます。

また、断熱材は熱伝導抵抗が高いため、壁体内の断熱材より室内側では温度が高く、断熱材より屋外側では温度が低い状態となります。水蒸気がこの断熱材を通過する際に温度が急激に低下することにより、結露が発生する危険性が高くなるのです（図5-7-1）。

●内断熱と外断熱

内部結露の防止対策としては、水蒸気を壁体内に侵入させないようにする方法や壁体内を通気する方法がありますが、ここでは、断熱の際に出てきた内断熱と外断熱で比較をしてみましょう。

コンクリート造の場合を考えます。内断熱はコンクリートの内側に断熱材がある工法ですので、図5-7-1のようにコンクリートの手前で温度が急激に下がることになります。これに対し、外断熱はコンクリートの外側に断熱材がある工法となりますので、図5-7-2に示すように温度の急激な低下箇所がコンクリートよりも外側になります。

コンクリートは比較的、水蒸気の通しにくい（透湿性の低い）材質ですの

で、コンクリートを通過する際に露点温度も低くなり、結果として壁体内各部位の温度が露点温度を下回らないことになります。防湿の観点からは内断熱よりも外断熱の方が有利であることがわかります。

図 5-7-1　内部結露発生のイメージ

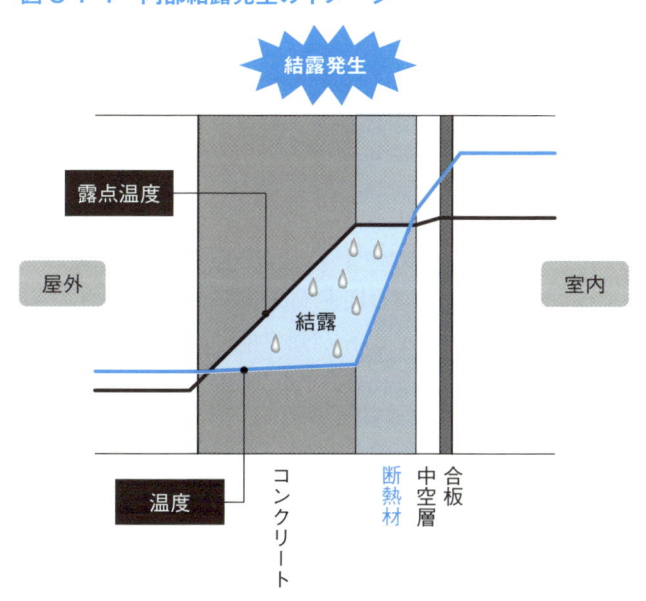

図 5-7-2　外断熱の際の壁体内温度分布のイメージ

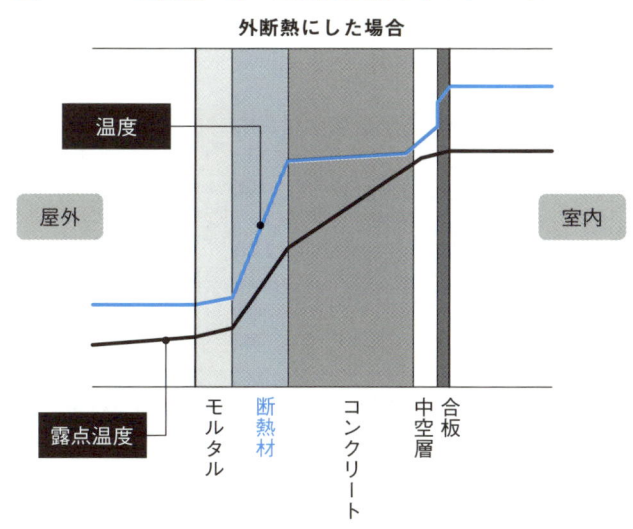

5-8 防湿構造

●防湿気密シートの位置に注意！

内部結露防止のためには、水蒸気を壁体内に侵入させないことと壁体内に入ってしまった水蒸気を速やかに屋外へ排出することが重要です。そのための対策について考えてみましょう。

まずは、外断熱、内断熱ともに防湿気密シートの位置が重要となります（図5-8-1）。防湿気密シートは室内の水蒸気が壁体内に侵入するのを防ぐ役割を果たします。防湿気密シートは内装材の下地と断熱材の間に施工します。外断熱の場合はより室内側に近い位置に施工する方が効果的です。内断熱の場合は、断熱材が室内側にあるため、露点温度の低下が早く発生してしまうので、断熱材の手前で透湿抵抗値の高い防湿気密シートで確実に水蒸気の侵入を防ぐことが重要です。

●通気層の役割

内部結露防止のためには、防湿気密シートの位置と確実な施工が重要ですが、水蒸気が壁体内に侵入してしまった場合には、その水蒸気を屋外へ排出する仕組みを用意しなければなりません。壁体に侵入した水蒸気は屋外側へ向かって移動しますが、外装材は一般的に水蒸気の放出がしにくい材料でできているため、屋外への水蒸気の放出が難しく、壁体内に水蒸気が溜まってしまいます。そのために壁体内には通気層を設けます。通気層はなるべく屋外側に設けます。外断熱では通気層を外壁の中でも最も外側に設置することが可能ですので、壁体内に侵入した水分を速やかに屋外に排出することが可能となります。また、透湿防水シートを通気層と断熱材の間に施工することで、外部からの水の浸入と防風の効果が得られます。

通気層は図5-8-2に示すように軒の出が小屋裏換気口から排出するのが一般的です。近年では小屋裏に棟換気口を設けることで、通気の効果を上げている例も見られます。通気層が封鎖されている例も見られますが、これでは

通気層の効果が得られません。通気層は空気の流れがスムーズになるように注意する必要があります。

図 5-8-1　防湿気密シートの位置

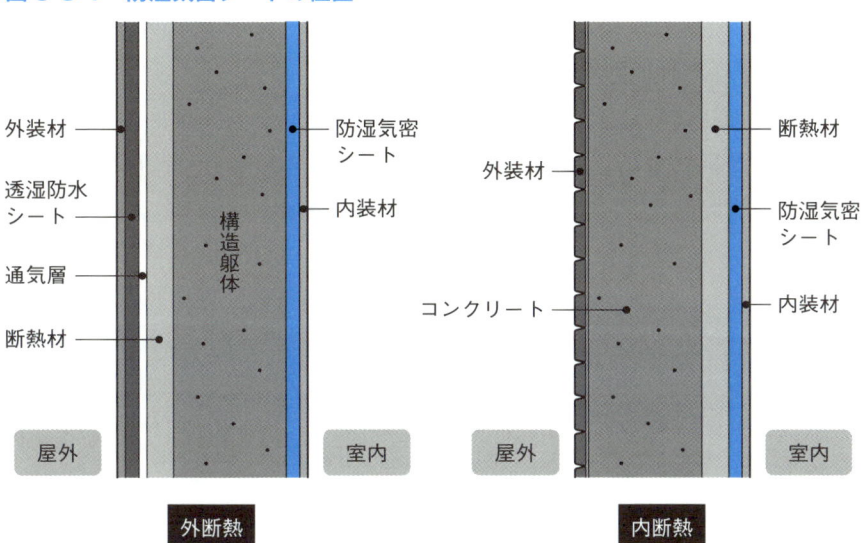

外装材／透湿防水シート／通気層／断熱材／構造躯体／防湿気密シート／内装材　屋外　室内
外断熱

外装材／コンクリート／断熱材／防湿気密シート／内装材　屋外　室内
内断熱

図 5-8-2　通気層の考え方

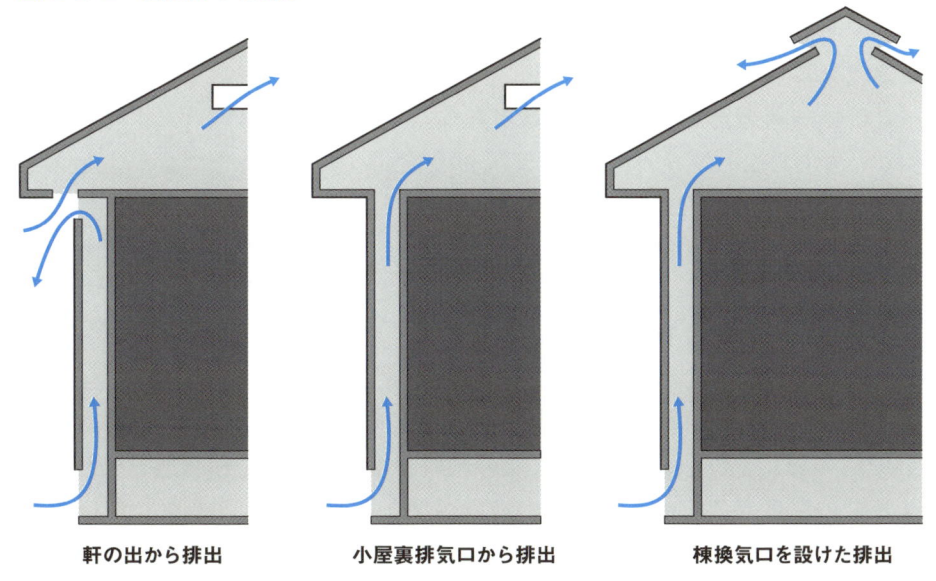

軒の出から排出　　小屋裏排気口から排出　　棟換気口を設けた排出

5・防湿

5-9 空気線図

●現在の空気の状態を表す空気線図

　空気の現在の状態や状態の変化を表すのに用いられるのが空気線図です。空気線図とは空調機器の設計に用いられていて、乾球温度（気温）、湿球温度（温度計の熱溜りに湿ったガーゼを巻きつけて測定した温度）、絶対湿度、相対湿度、比エンタルピー（0［℃］の乾燥空気が持つ熱量基準で示した現在の空気の熱量）、水蒸気分圧（湿り空気の持つ水蒸気の分圧）などが示されています。詳細な空気線図はかなり複雑であるため、図 5-9-1 には簡略化した空気線図を示してあります。横軸に乾球温度、縦軸に絶対湿度を示し、曲線が相対湿度、斜めの目盛りが湿球温度を示しています。これら4つの要素のうち2つが分かれば、現在の空気の状態点がわかることになります。

●状態点の移動

　空気線図を用いると、現在の空気の状態点を知るだけでなく、この空気の露点温度や飽和絶対湿度も知ることができます。これらにより、結露の防止や湿度制御が可能となります。

　ここで一例を見てみましょう。現在の空気の温度が 23［℃］、相対湿度が 50［％］であるとします。図 5-9-2 に現在の空気の状態点 O をプロットします。この点 O から上に線を伸ばし（乾球温度は変化させずに、絶対湿度のみを増加）、相対湿度 100［％］の線にぶつかった点 A が、この乾球温度における飽和状態を表します。点 A での絶対湿度がこの空気の飽和絶対湿度となります。今の場合は約 18［g/kg'］となります。現在の絶対湿度が約 9［g/kg'］ですので、相対湿度が 50［％］であることが確認できます。また、点 O から左に線を伸ばし（絶対湿度を変化させずに乾球温度のみを低下）、相対湿度 100［％］の線にぶつかった点 B が、この絶対湿度における飽和状態を表します。点 B での温度がこの絶対湿度での露点温度となります。つまり、点 O の空気は点 B の温度（約 12［℃］）以下になると結露が発生することになります。

図 5-9-1 簡略化した空気線図

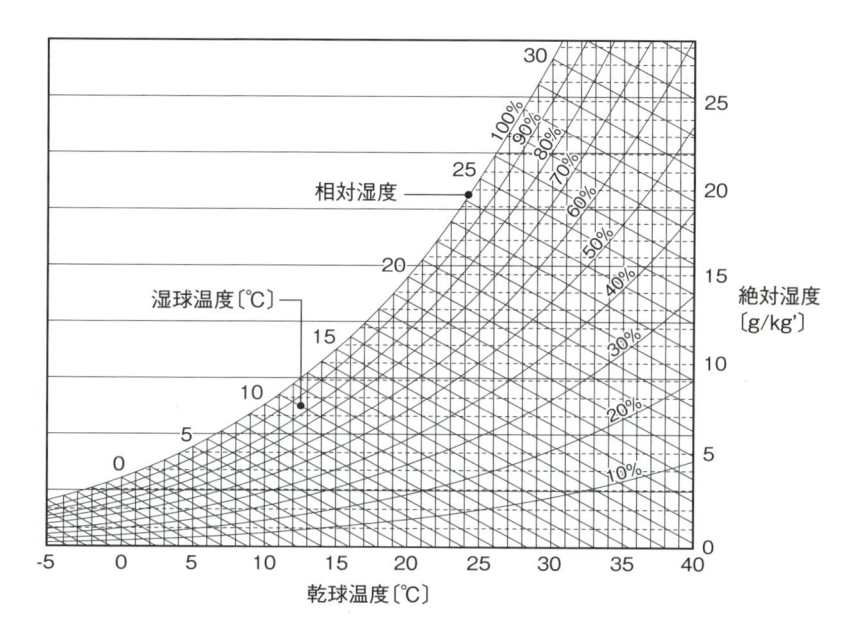

図 5-9-2 空気線図での露点温度、飽和絶対湿度の求め方

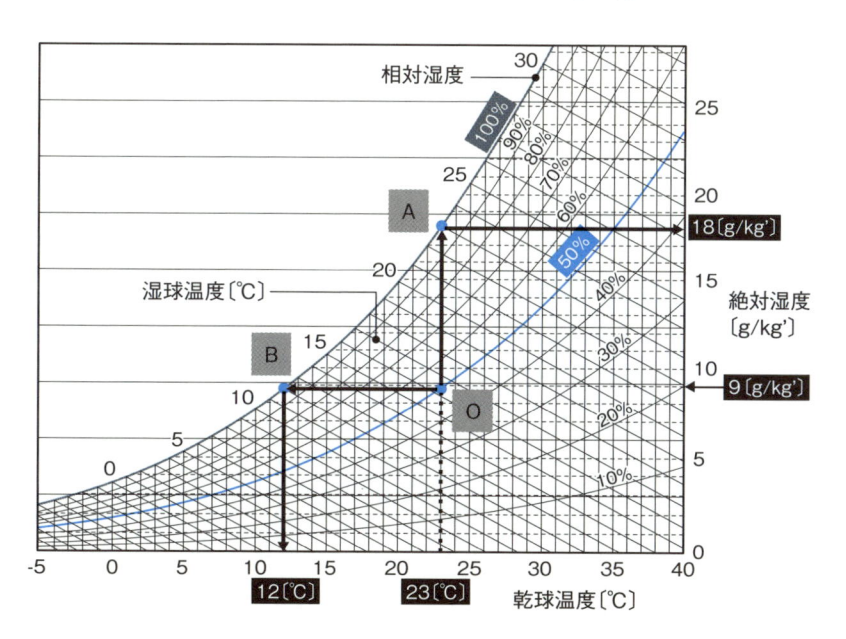

5・防湿

5-10 除湿

●除湿の方法

　夏季や梅雨時には屋外空気が高温高湿であることから、夏型結露の可能性や室内に流入した空気が滞留して、カビやダニが増殖する危険性があります。また、室内がジメジメと蒸し暑い環境は決して快適とはいえません。このような場合には適切な除湿をすることで、室内空気から水蒸気量を減らす必要があります。最近では室内空気の除湿は専らエアコンで行うことが多くなっています。

　エアコンの除湿機能には図5-10-1に示すように、「弱冷房除湿」と「再熱除湿」があります。一般的にエアコンの除湿運転は弱冷房除湿になります。弱冷房除湿とは室内空気をエアコンの中に取り込み、露点温度以下に冷やすことにより、強制的に結露を発生させることで、空気内の水蒸気量を減らす手法です。室内には温度が下がったままの空気が戻ってくるので、この気流に触れると肌寒く感じることがあります。

　これに対して、再熱除湿とは除湿をして温度が下がった空気を温めてから室内に吹き出します。

●冷房と除湿機能の比較

　あるアンケート結果によると、エアコンの除湿運転は除湿量が冷房運転時よりも多いと考えている人が多いようです。実は最も除湿量が多いのは冷房運転時です。冷房運転時は弱冷房除湿運転時よりもさらに低い温度まで空気を冷やすため、発生する結露水が多くなるのです。

　表5-10-1に冷房と各除湿機能の比較を示します。消費電力量が最も多いのは加熱が必要な再熱除湿で、最も少ないのは弱冷房除湿となります。室内温度では冷房が最も温度が下がりますが、再熱除湿はあまり下がりません。したがって、蒸し暑い部屋の温度と湿度を早く下げたいときには冷房運転をし、温度と湿度がある程度下がったら、冷房の設定温度を高くしたり、弱冷房除

湿運転に切り替えるという使い方をすると省エネになります。また、再熱除湿は加熱があるので消費電力は少々高いですが、寒いのが苦手な方には適しています。

図 5-10-1　除湿機能の種類

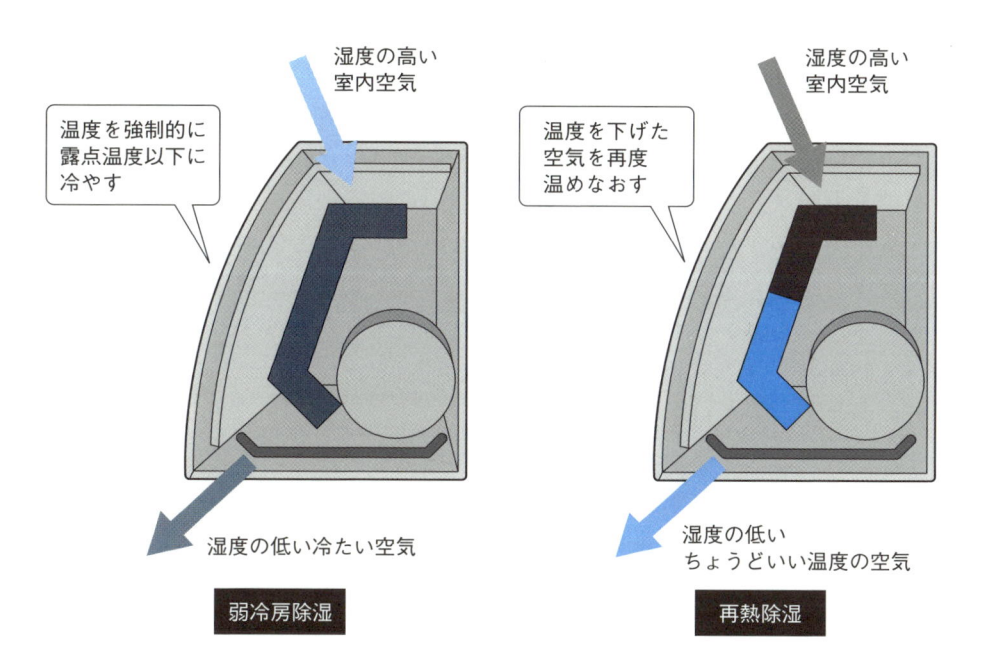

弱冷房除湿：湿度の高い室内空気 → 温度を強制的に露点温度以下に冷やす → 湿度の低い冷たい空気

再熱除湿：湿度の高い室内空気 → 温度を下げた空気を再度温めなおす → 湿度の低いちょうどいい温度の空気

表 5-10-1　冷房と除湿機能の比較

	冷房	弱冷房除湿	再熱除湿
消費電力量（省エネ性）	○ 再熱除湿より少ない	◎ 最も少ない	△ 冷房より多い
部屋の温度	↓ 最も下がる	↘ 少し下がる	→ あまり下がらない
除湿量	💧💧💧 最も多い	💧 あまり多くない	💧💧 多い

（出典：東京電力プレスリリース「『エアコンの「冷房」と「除湿」の上手な使い方』について」）

5-11 加湿

●低湿環境における健康への被害

　冬季は乾燥しやすいことは日常の経験でわかることだと思います。乾燥している冬季に読者のみなさんが気をつけていることの1つにインフルエンザなどの感染症からの予防があると思います。

　石油ストーブなどの開放型暖房器具で暖房をしている場合には多くの水蒸気発生がありますが、エアコンやFF式暖房器具などを使用した場合には室内が乾燥しやすくなります。室内が乾燥するとウィルスが繁殖しやすくなります。インフルエンザウィルスの生存率は相対湿度が50％以上・室温22［℃］では6時間後に4％程度ですが、相対湿度20％では生存率は66％あるといわれています（表5-11-1）。

　また、我々は口や鼻から取り込んだ細菌を気管の繊毛の運動によって痰などとして外に排出しますが、室内が乾燥しすぎていると、染毛や粘膜の運動が弱まってしまうため、細菌などに対する防御反応が低くなってしまいます。相対湿度40〜50％を目標に適切な湿度コントロールを心がけるようにしてください。

●加湿の種類

　室内の極度な乾燥を防ぐためには適度な加湿が必要となります。加湿の簡単な方法として、室内に洗濯物や濡れタオルを干すことがあげられます。また、近年では加湿器の利用も増えています。加湿器には「スチーム式」「気化式」「ハイブリッド式（スチーム＋気化）」「超音波式」「高圧スプレー式」などがあります（表5-11-2）。

　スチーム式は即効性がありますが消費電力が大きく、気化式は即効性はありませんが消費電力も少なく手入れの頻度も少なくて済みます。ハイブリッド式は、低湿度のときはスチーム式で加湿し、湿度が安定したら湿度を一定に保てる加湿器ですが、比較的価格が高めとなっています。超音波式は熱を

使用しないため、こまめな手入れが必要です。高圧スプレー式は加湿量は多いのですが、加湿効率が低いという特徴があります。

いずれにしても、適切な維持管理を施さないと、タンク内で細菌やカビが繁殖して室内に飛散し、アレルギー症状などの原因になることがありますので、水の交換やタンクの清掃を定期的に行うなど正しく使用しましょう。

表 5-11-1　インフルエンザウィルスの生存率

温度 [℃]	相対 湿度 [%]	時間経過後の生存率[%]						
		0分	5分	30分	1時間	4時間	6時間	23時間
20.5－24.0	20－22	75	77	65	64	74	66	22
	34－36	86	93	58	59	66	53	14
	50－51	84	62	49	29	6.4	4.2	分析不能

（出典：G. J. HARPER, Airborne micro-organisms: survival tests with four viruses (1961)）

表 5-11-2　加湿器のタイプと特徴

タイプ	スチーム式	気化式	ハイブリッド式	超音波式	高圧スプレー式
特徴	ヒーターを使って水を沸騰させることでスチームを吹き出す。スチームの蒸気が見える	湿らせたフィルターを通して送風する。熱を使わないので、蒸気は見えない	スチーム式と気化式を組み合わせたタイプ。湿った風が出るだけなので、蒸気は見えない	タンクの水を超音波の振動によって噴き出す。熱もフィルターも使わない	ポンプで加圧した水をノズルの小孔から気流中に噴霧する方式
長所	加湿能力が高く、即効性がある	送風のみのため、消費電力が少ない	噴出し口が熱くならない	比較的、値段が安い	加湿能力が高い
短所	消費電力が高い	加湿能力が弱い	比較的、値段が高い	こまめな手入れが必要	加湿効率が低い

5-12 調湿剤

●注目される調湿建材

　一般に人が生活しやすい相対湿度範囲は40％～70％といわれています。これよりも高いとカビやダニの増殖を引き起こし、これよりも低いと乾燥からウィルスなどの発生を助長してしまいます。この湿度環境を調節することを加湿、除湿として、これまでに説明をしてきました。ここでは、「調湿」について考えたいと思います。

　調湿とは室内の湿度が高いときには吸湿によって湿度を下げ、湿度が低いときには放湿して湿度を上げることで、室内の湿度を一定に維持することをいいます（図5-12-1）。ここまでは加湿器や除湿器でも行えますが、現在、注目されているのは、これらの機能を備えた建材です。このような調湿建材を住宅の天井、壁、床に使用することで、建材自らの機能で多湿や乾燥を避け、生活しやすい空間を作り出すことが可能になります（図5-12-2）。また、自然の力で調湿を行うため、電力を使用せず、省エネルギーの観点からも注目されています。

●調湿剤

　調湿機能の持つ材料には木・石・貝などがありますが、以下のようなものが調湿剤としてよく使用されています。

　①**シリカゲル**：お菓子の乾燥剤としてよく使用されています。吸湿力は非常に高いのですが、放湿力が弱いのが特徴です。

　②**珪藻土**：七輪などの材料として使用されています。また、吸放湿性のよさから壁土にも使用されていました。

　③**木材**：床に調湿効果を期待する場合には無垢の木材によるフローリングが適しています。

　これらは多孔質性であり、多くの小さな孔が調湿の肝となります。よって、これらの建材の表面を覆ってしまうと、その効果も減少してしまいます。

図 5-12-1　調湿のイメージ

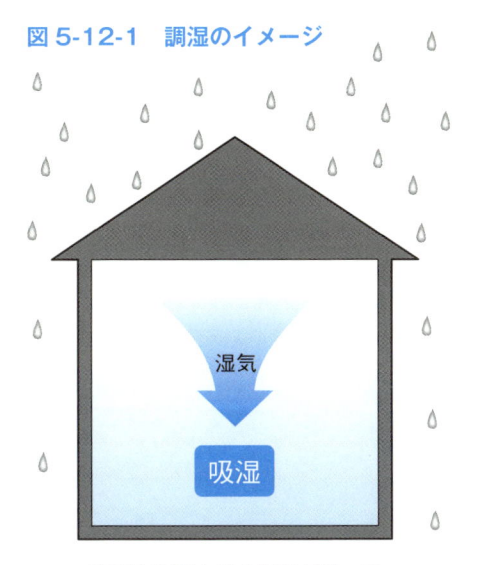

梅雨や夜間などの湿度が高い時　　　晴天や日中などの湿度が低い時

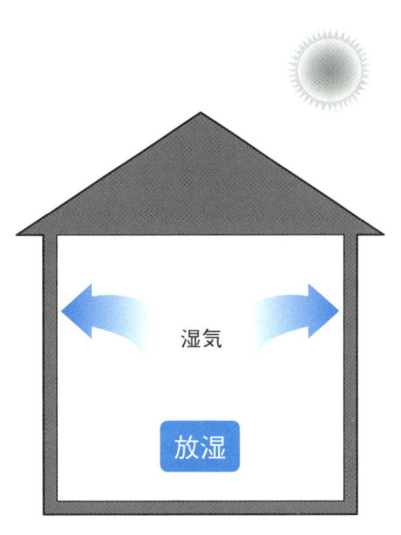

図 5-12-2　調湿建材がある場合の相対湿度変化

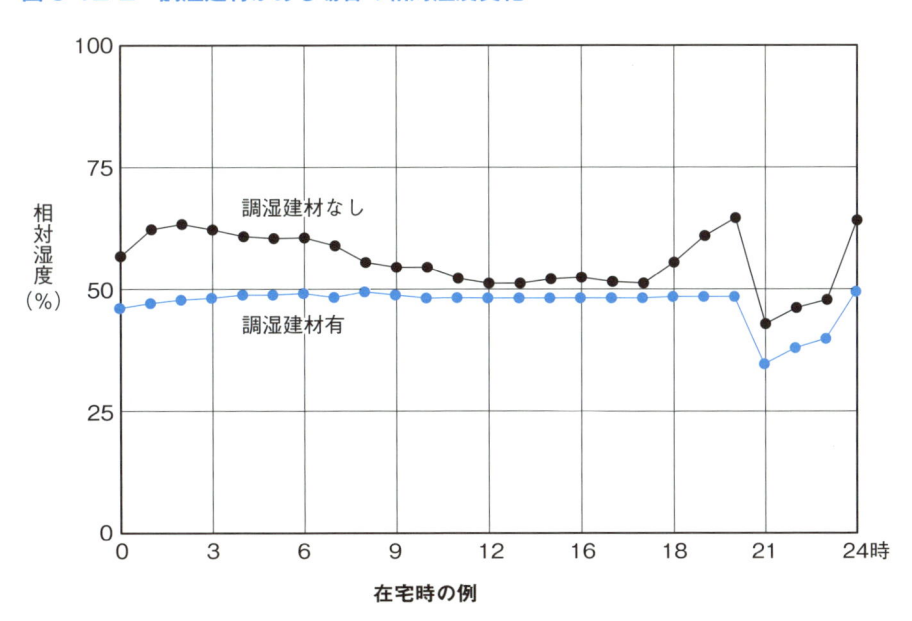

相対湿度（％） / 在宅時の例

調湿建材なし
調湿建材有

5・防湿

> **❗ 断熱と防湿**
>
> 　冬、室内を暖房するとガラスの室内側に結露が発生します。これと同じことが内壁でも起こっています。これを防止するためには、ガラスや内壁の屋外側に断熱をすることで結露を防ぐことができます。また、室内で十分に換気をすることでも防げます。
>
> 　しかし、確実によいといえることは、断熱を行うばかりでなく、防湿気密シートを設置することです。この防湿気密シートの設置を、断熱とセットで真剣に考えてもらいたいと思います。

第6章

防 音

音を楽しんだり、音で伝えたり、音がきらわれたりします。
その音の性質を理解しながら、
音を制御するための理論や原理を深められるように、
基礎を紹介していきます。

6-1 音の伝わり方

●音はどのようにして伝わるのか

　音は、音源から放たれた振動が空気や個体などを通して、音の進む方向に向かって空気が振動することによって伝わります。これを音波といいます。音源から放射された音は拡散するため、音の強さは音源から離れるにしたがって、次第に小さくなります。

　音波によって繰り返す圧縮・膨張の圧力変化を音圧（単位P／パスカル）、1秒間に音圧が変化して進んだ距離を音速（単位m／s）といいます。音速は温度に関係し、温度が高くなるほど音速は速くなります。温度をtとすると、温度と音速の関係は、

$$音速（m／s）≒ 331.5 + 0.61\ t$$

となり、常温（15℃）のときの空気中の音速は340m／s、水中の音速は1460m／s、固体中の音速は3000〜5000m／sです。

　また、周波数（単位Hz／ヘルツ＝回／s）とは、1秒間に音圧の変動を繰り返した回数をいいます。人間の耳は、20Hz〜20,000Hzの音を聞くことができ、同じ音の大きさでも、周波数によって異なった大きさに聴こえます（図6-1-1）。

●音の回折、屈折、干渉

　音の進み方には回折、屈折、干渉などの現象があります（図6-1-2）。

　回折は、音の進行方向に障害物があってもその音が障害物の背後に回り込む現象をいい、低音域の音は回折性が大きく、高音域の音は障害物によって遮断されます。

　屈折は、温度が異なる空気の境界層で、音の方向が変わる現象です。晴れた日の昼間は地表面付近の気温が上昇するため音が上方に屈折し、夜間はその逆になる地表面付近の気温が下がります。

　干渉は、2種類以上の音波が重なり、振幅が変化する現象です。

図 6-1-1　音の伝わり

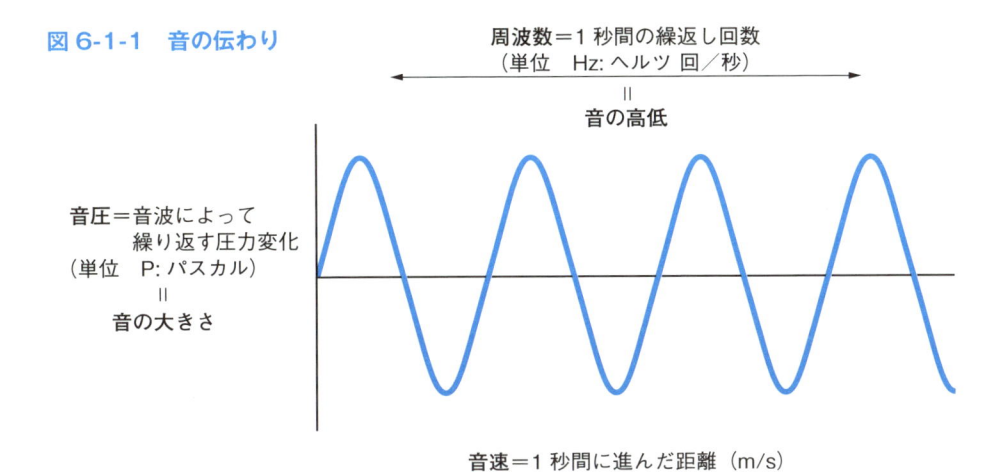

周波数＝1 秒間の繰返し回数
（単位　Hz: ヘルツ　回／秒）
＝
音の高低

音圧＝音波によって
　　　繰り返す圧力変化
（単位　P: パスカル）
＝
音の大きさ

音速＝1 秒間に進んだ距離（m/s）

図 6-1-2　音の回折、屈折、干渉の例

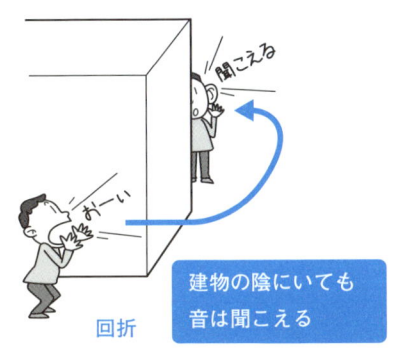

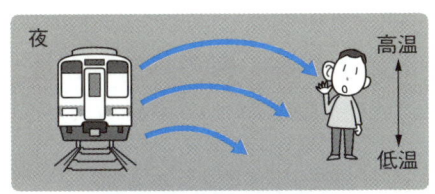

おーい
聞こえる
回折
建物の陰にいても音は聞こえる

昼　低温／高温
夜　高温／低温
屈折
夜になると遠くの電車の音は聞こえる

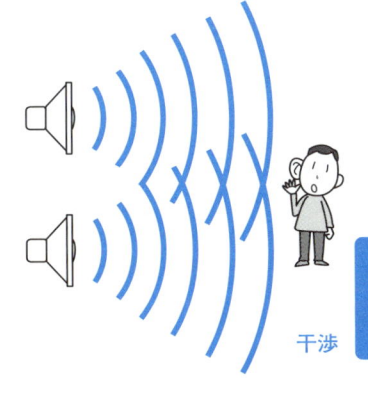

干渉
複数のスピーカー。疎密のはげしい所は音が大きい

6・防音

6-2 音の単位

●音はどのように表すのか？

実際の音の強さを、エネルギーに換算したものが物理量で、人間の耳に感じる音の大きさが感覚量です。「人間の感覚は、刺激として与えられた物理量の対数に比例する」と「ウェーバー・フェヒナーの法則」にありますが、これは、音の物理的な量が2倍になっても、人間が感じる音の感覚的な大きさは、2ではなく対数に比例します。

音の物理的な量は、音圧（Pa／パスカル）で表し、私たちが一般に音の大きさをあらわす場合は、音圧を対数によって変換した音圧レベルが使われ、単位は dB（デジベル）で表します。

また、音の進行方向に対して単位時間、単位面積当たりの音のエネルギー（単位：W/㎡）を音の強さといいます。1000Hz 付近では、人間の耳に音として聞こえるのは、$10^{-12} \sim 1$（W/㎡）で、この範囲を超えると、可聴限界または、耳に痛みを感じる限界とされています。

●音圧レベル、音の強さ、音圧

音の強さのレベル（記号 *IL*：Intensity Level、単位 dB／デジベル）は、人間が聞くことのできる最小の音の強さである基準値 I_0（$=10^{-12}$ W/㎡）と実際の音の強さ I で表されます。

$$IL = 10 \log_{10} \frac{I}{I_0}$$

音圧レベル（記号 *SPL*：Sound Pressure Level、単位 dB／デジベル）は、音圧の2乗が音の強さに比例します。

$$SPL = 10 \log_{10} \left(\frac{P}{P_0}\right)^2 = 20 \log_{10} \frac{P}{P_0}$$

表 6-2-1 は音圧レベル、音の強さ、音圧の関係です。人間が実際に感じる音圧レベルの範囲は 0〜120dB、音圧は $2 \times 10^{-5} \sim 20$Pa です。例えば、

音の強さのレベルを 40 dB 下げるには、音の強さは 10^{-4} にします。図 6-2-1 は、音圧から音圧レベルへの変換と音の大きさの例です。

表 6-2-1　音圧レベル、音の強さ、音圧の関係

音圧レベル(dB)	音の強さ(W/㎡)	音圧(Pa)
120	$10^0=1$	2×10^1
110	10^{-1}	$2 \times 10^{1/2}$
100	10^{-2}	2×10^0
90	10^{-3}	$2 \times 10^{-1/2}$
80	10^{-4}	2×10^{-1}
70	10^{-5}	$2 \times 10^{-3/2}$
60	10^{-6}	2×10^{-2}
50	10^{-7}	$2 \times 10^{-5/2}$
40	10^{-8}	2×10^{-3}
30	10^{-9}	$2 \times 10^{-7/2}$
20	10^{-10}	2×10^{-4}
10	10^{-11}	$2 \times 10^{-9/2}$
0	10^{-12}	2×10^{-5}

図 6-2-1　音圧から音圧レベルへの変換と音の大きさの例

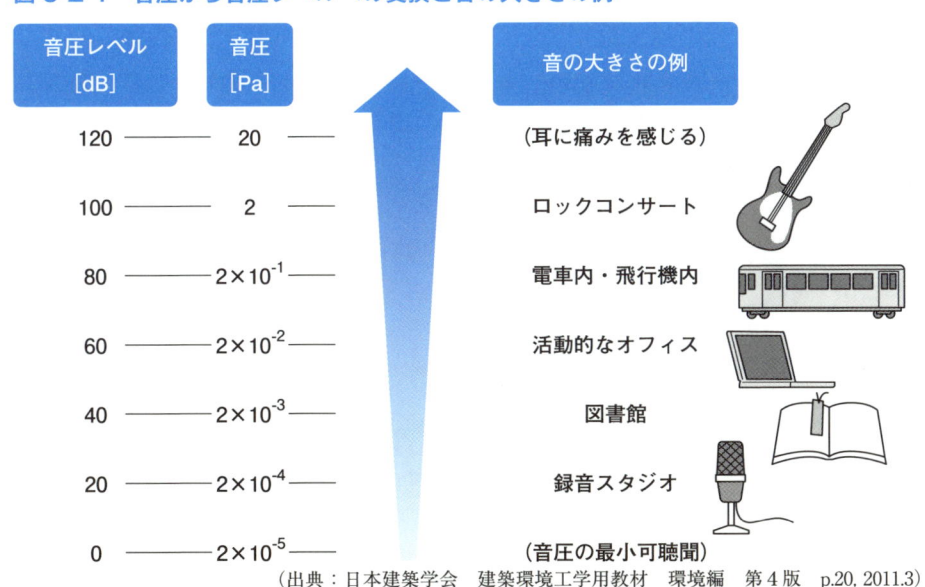

音圧レベル [dB]	音圧 [Pa]	音の大きさの例
120	20	（耳に痛みを感じる）
100	2	ロックコンサート
80	2×10^{-1}	電車内・飛行機内
60	2×10^{-2}	活動的なオフィス
40	2×10^{-3}	図書館
20	2×10^{-4}	録音スタジオ
0	2×10^{-5}	（音圧の最小可聴閾）

（出典：日本建築学会　建築環境工学用教材　環境編　第 4 版　p.20, 2011.3）

6-3 音の三要素

●音の大きさ

音の性質を決定する基本的な要素に、音の大きさ、高さ、音色があり、これらを「音の三要素」といいます。

音の大きさ（ラウドネス）とは、音のエネルギーの大きさが、感覚に対応した物理量であり、強い音ほど大きな音として感じます。また、同じ強さの音であっても、周波数によって違った大きさの音に聴こえます。

等ラウドネス曲線は、ある音の周波数を変化させて、同じ大きさになる音圧レベルを等高線で結んだものです（図6-3-1）。例えば、ラウドネスレベル40phonのとき、周波数1000Hzの音の音圧レベルは40dB（A点）ですが、100Hzになると63dB（B点）となります。周波数が低くなると、強い音を出さないと同じ大きさに聴こえません。

●音の高さ

音の高さは、音の周波数によって決まります（図6-3-2）。1秒間に波打つ回数が少ない（＝周波数が低い）と、低い音となり、回数が多い（＝周波数が高い）と、高い音となります。ある音の周波数が、別の音の2倍の周波数であると、その音は1オクターブ上の音程、つまり、異なる高さの同じ音となります。例えば、周波数261.6Hzの「ド」の1オクターブ上の音程である「ド」は、周波数が2倍の523.2Hzです。また、高周波の音は、低周波の音よりも空気中に吸収されやすい性質があります。

●音色

音色は、音圧と周波数が同じでも、音波の波形に相当します（図6-3-3）。波形は、単一の周波数のみの純音や、楽器の音のように複数の純音により構成され、波形は複雑でも規則性がある楽器特有の波形があります。また、雑音といわれる非周期波形の音は、同じ波形の再現性がない状態をいいます。

図 6-3-1　等ラウドネス曲線

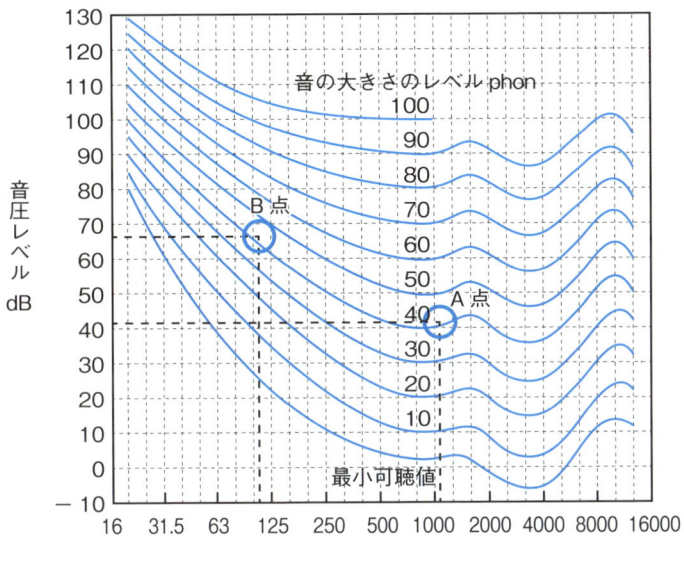

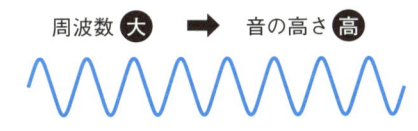

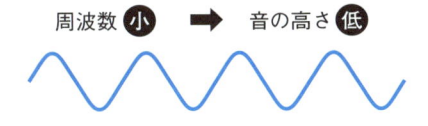

図 6-3-2　音の高さ

周波数 大 ➡ 音の高さ 高

周波数 小 ➡ 音の高さ 低

図 6-3-3　音色のイメージ

音の大きさ、高さが同じであっても、音色はちがう

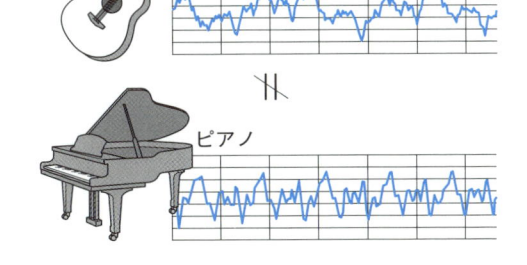

ギター

ピアノ

6-4 距離と音の強さ

●音の合成による効果

　2つ以上の音が合成されると、音の強さはどうなるでしょうか。2つの音の強さをそれぞれレベル IL_1 と IL_2 とすると、2つの音の強さのレベル IL_1 と IL_2 が等しい場合、3dB 大きくなります。例えば、2つの 60dB の音の合成は、60dB＋60dB＝120dB とはならずに、60dB＋3dB＝63dB です。

　また、音圧レベルが異なる場合、$IL_1 > IL_2$ とすると、$IL_1 - IL_2$ と2つの合成された音は、図 6-4-1 の関係があり、大きいレベルの音に加算します。

　例えば、74 dB と 72dB の音の合成は、$IL_1 - IL_2 = 74 - 72 = 2$dB となり、図 6-4-1 から 2dB のとき、大きい方の音 IL_1 に 2dB 加算するので、IL_1 と IL_2 が合成された音は、74＋2＝76dB になります。この音にさらに $IL_3 = 70$dB の音が存在する場合は、合成された2つの音にさらに合成します。(IL_1 と IL_2 の合成音) $- IL_3 = 76 - 70 = 6$dB になり、図 6-4-1 から大きい方の音 (IL_1 と IL_2 の合成音) に 1dB 加算されるので、76＋1＝77dB となります。

●音の強さの求め方

　音は音源 I から離れると、音が拡散するため、次第に小さくなります。音源は通常、点、線、平面音源のいずれか、またはこれらの合成として扱い、距離と音の強さは点音源、線音源によって異なります。

　点音源は、音波は球面状に拡散します。点音源の音の強さを I_0、点音源から距離 r の地点で I_r、2倍の距離 2r 地点で I_{2r} とすると、2r の地点の音の強さのレベル L_{2r} は、

$$L_{2r} = 10 \log_{10} \frac{I_{2r}}{I_0}$$

となります。音の強さは点音源からの距離の2乗に反比例するので、点音源からの距離が2倍になると、音の強さのレベルは 6dB ずつ減っていきます（図 6-4-2（左））。

一方、線音源は円筒状に拡散し、音の強さは音源からの距離に反比例します。点音源と同じく線音源の音の強さを I_0、点音源から距離 r の地点で I_r、2 倍の距離 2 r 地点で I_{2r} とすると、2 r の地点の音の強さのレベル L_{2r} は、

$$L_{2r} = 10 \log_{10} \frac{I_{2r}}{I_0}$$

となります。音の強さは線音源からの距離に反比例するので、点音源からの距離が 2 倍になると、音の強さのレベルは 3 dB ずつ減っていきます（図6-4-2（右））。

図 6-4-1　2 つの音のレベルの合成

ΔL＝IL₁－IL₂＝74-72＝2
このとき、D≒2
合成された音＝74＋2＝76dB

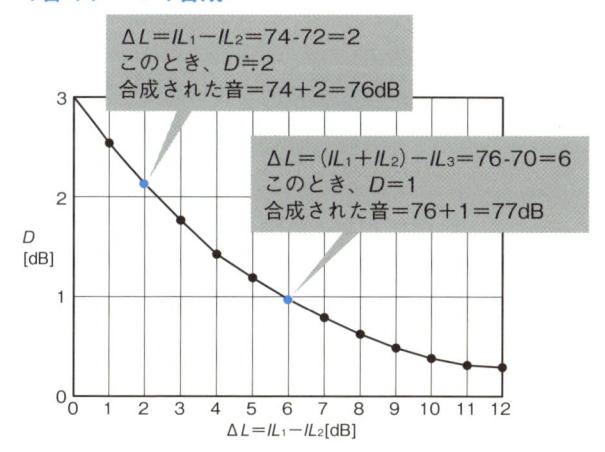

ΔL＝(IL₁＋IL₂)－IL₃＝76-70＝6
このとき、D＝1
合成された音＝76＋1＝77dB

図 6-4-2　点音源と線音源の音の伝わり

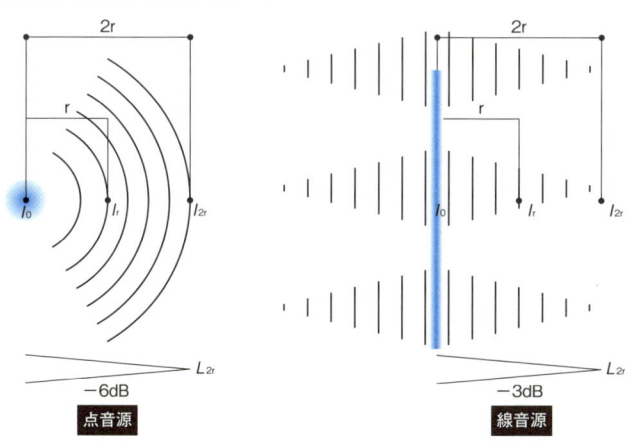

点音源　−6dB

線音源　−3dB

6-5 騒音

●騒音とは何か

　同じ音でも、心地よい音か、不快な音に感じるかは聞く人によってさまざまです。ある音が、聞こえた人にとって嫌な音、邪魔な音に感じると、その音は騒音となります。

　車や鉄道の交通、工事現場など外部騒音のほか、室内で発生する騒音は、電化製品、エアコンの運転音などがあります。騒音によって音が聞き取りにくくなるマスキングという現象を日常生活でもよく経験しますが、会話の妨害、さらには睡眠妨害などさまざまな障害を生じています。さらに、長期間にわたる激しい騒音によって、難聴といった生理的障害が生じる場合もあります。

　人の聴覚は低い音になると鈍くなるため、人の感覚に近くするためにA特性という補正した音圧レベルを騒音レベルとして使います。騒音に関する環境基準（表6-5-1）は、環境基本法で定められていますが、騒音の感じ方は、音の種類や、聞く人の心理状態などによっても違ってきます。

　また、音の大きさの感じ方は周波数によって違うので、オクターブバンドごとの音圧レベルを示したNC曲線（Noise Criteria）（図6-5-1）を使って、ある音の最大の音圧レベルを対象の音にしてNC値を求めます。室内の騒音の許容値は、建物の用途ごとに基準が設けられており、NC値と騒音レベルで評価します（表6-5-2）。

表6-5-1　騒音に関する環境基準

地域の区分	時間の区分	
	昼間（6：00 − 22：00）	夜間（22：00 − 6：00）
特に静穏を要する地域 （医療、社会福祉施設等が集合して設置）	50dB以下	40dB以下
主に住居として供される地域	55dB以下	45dB以下
相当数の住居と併せて商工業の用に供される地域	60dB以下	50dB以下

図 6-5-1　NC 曲線

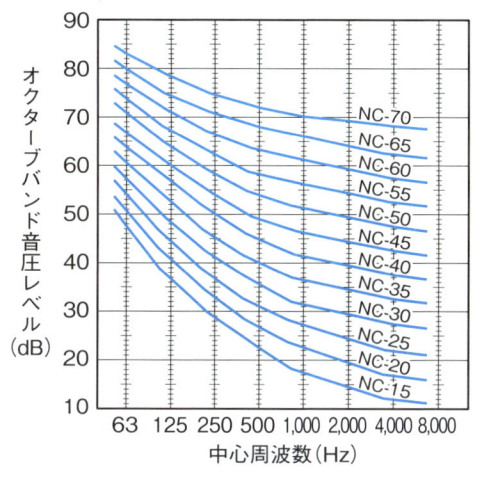

（縦軸：オクターブバンド音圧レベル (dB)、横軸：中心周波数 (Hz)）
曲線：NC-70, NC-65, NC-60, NC-55, NC-50, NC-45, NC-40, NC-35, NC-30, NC-25, NC-20, NC-15

（出典：日本建築学会環境工学教材　環境編　第4版）

表 6-5-2　騒音の許容値

dB(A)	20	25	30	35	40	45	50	55	60
NC	10〜15	15〜20	20〜25	25〜30	30〜35	35〜40	40〜45	45〜50	50〜55
うるささ	無音感		非常に静か		特に気にならない		騒音を感じる		騒音を無視できない
会話・電話への影響			5m離れてささやき声が聞こえる		10m離れて会議可能　電話は支障なし		普通会話（3m以内）電話は可能		大声会話（3m）電話はやや困難
スタジオ	無響室	アナウンススタジオ	ラジオスタジオ	テレビスタジオ	主調整室	一般事務室			
集会・ホール		音楽堂	劇場(中)	舞台劇場	映画館・プラネタリウム		ホールロビー		
病院		聴力試験室	特別病室	手術室・病室	診察室	検査室	待合室		
ホテル・住宅				書斎	寝室・客室		ロビー		
一般事務室				重役室・大会議室	応接室	小会議室	一般事務室		タイプ・計算機室
公共建物				公会堂	美術館・博物館	図書閲覧	公会堂兼体育館	屋内スポーツ施設（拡）	
学校・教会				音楽教室	講堂・礼拝堂	研究室・普通教室		廊下	
商業建物					音楽喫茶店	書店	一般商店		
					宝石店・美術品店		銀行・レストラン	食堂	

（出典：日本建築学会編　建築設計資料集成1　環境　丸善　1978）

6-6 防音

●音の性質

音には、雷鳴や車の騒音、人の話し声といった空気振動で伝わってくる音と、階上の足音やトイレの排水音など、固体を伝わってくる音の2種類があります（図6-6-1）。音はまっすぐに進み、そして、わずかな隙間からでも空気を振動して伝わっていく性質があります。

●遮音・吸音のバランスと防音

防音には、遮音・吸音・消音・防振といったものがあり、これらの総称を「防音」といいます。

鉛やコンクリートのような質量のある材料ほど、空気振動で伝わる音をよく遮断します。また、ロックウールやグラスウールなどの多孔質の材料は、音の伝わろうとするエネルギーをよく吸収します。

防音には、遮音と吸音の両方が必要であり、そのバランスも大切になります。例えばホームシアターの部屋などでは、遮音性能だけを高めると室内の音がビンビンと鳴り響いてしまいます。

一方、吸音性能だけを高めると、エコーのない部屋となり、室外へ音が漏れていきます（図6-6-2）。

このように防音により快適な住環境を形成するためには、音の性質を十分に知る必要があります。また、防音は本格的になればなるほど大きな費用がかかるので、効果的な方法と場所を考える必要があります。

図 6-6-1　音の種類

空気音	…	空気振動により伝わる音 （例、ジェット機、自動車や楽器の音、人の話し声など）
固体音	…	地面、床、壁などを伝わり響いてくる音

図 6-6-2　防音性能の低い部屋のイメージ

室内で音がビンビンと鳴り響く

遮音性能だけを高めた部屋

室内では、エコーがなく、室外へ音が漏れていく

吸音性能だけを高めた部屋

6-7 吸音

●吸音とは何か

　吸音とは、騒音など耳障りな音などを、吸音材などの材料や装置を用いることで、音を吸収したり、小さくすることをいいます。

　吸音性のない部屋では音が反射してしまい、話し手から離れた聞き手には音が重なって届き、とても不快に感じてしまうでしょう。

　一方で、吸音性がありすぎる部屋では、大平原のような音を遮るものが何もないような場所で話をするのと同じで、話し手はとても大きな音を出さなければ聞き手に声が届きません（図6-7-1）。

　学校などの教室や講堂、オフィス、会議室の天井などの空間では、適切な吸音の効果を施すことによって、話し手にとっては話しやすく、聞き手にとっては話し手の声を明瞭に聞くことができるようになります。

●吸音の表し方

　吸音は通常、吸音率という言葉で表わされます。壁に向かい入射する音に対して、跳ね返らない音（入射音－反射音）の比率をいいます（図6-7-2）。したがって、跳ね返ってこない音がどのように減衰していても吸音率とは関係ありません（遮音ではこの減衰が重要です）。また、吸音率のすべてが「吸収された音（エネルギー）」ではありません。吸音の中身は、「躯体などの内部で吸収された音（エネルギー）」と「裏側へ透過した音（エネルギー）」の合計となります。

　吸音率は、壁などに対して入射する条件（角度）によって変化します。入射する条件としては垂直入射・斜入射・乱入射の3種類があり、実際の現像は多数の音波があらゆる方向から入射する乱入射となります。

　吸音率の測定方法の1つとして、残響室で残響時間を測定して算出する方法があります。吸音性の高い材料ほど残響時間が短くなります。

図 6-7-1　吸音性のない部屋とありすぎる部屋

吸音性のない部屋

吸音性のありすぎる部屋

図 6-7-2　吸音率の求め方

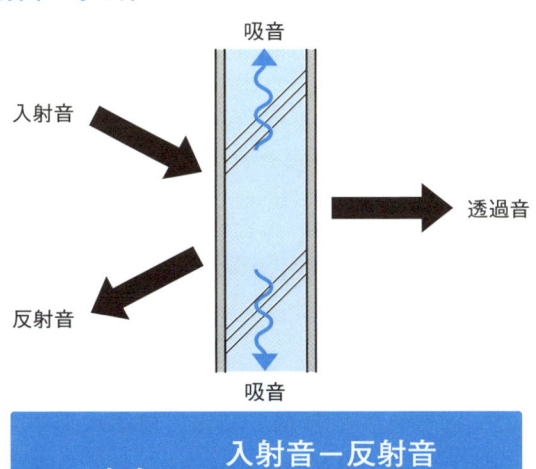

$$吸音率 = \frac{入射音 - 反射音}{入射音}$$

6-8 遮音

●遮音の必要性

快適な住環境を形成するには遮音がとても重要です。遮音とは、外部からの音の侵入を遮ることであり、遮音性能のよくない部屋では隣の部屋のオーディオの音、車の騒音などが伝わってきて快適な睡眠、安らかな生活の営みが妨げられます。そのために高い遮音性の壁が必要不可欠になります。

●遮音性能（透過損失）

遮音性能は透過損失（Transmission Loss）で表され、界壁を隔てた音源からの音を聞いたとき、どのくらい音が小さくなったかを透過損失（TL：単位 db デシベル）といいます。つまり、入射音と透過音の差で求めることができます。

●空間の遮音性能：遮音等級（D 値）

実際の建築物の 2 室間の遮音性能を評価する尺度として遮音等級があります（図 6-8-1）。各基準曲線が 500Hz で示す音圧レベル差の数値を D 値とよびます。D 値は同一の遮音壁で 2 室間の界壁を施工した場合でも音の廻り込みが含まれるため、部屋の設計仕様により、異なった値となります。

●壁の遮音性能：遮音性能（TLD：Transmission Loss Difference）

音響試験室で測定された遮音壁単体の遮音性能（音響透過損失）を TLD と表します。TLD 値は、遮音性能を D 値と同様に日本建築学会基準曲線にあてはめて求めます。ただし、D 値が 40、45、50 などの 5 単位で表されるのに対して、TLD 値は 41、42、43 などの 1 単位で評価します。

TLD 値は音響試験室によって音響特性が異なるので、異なった音響試験室で同じ壁を測定してもそれぞれ異なった値となる可能性があります。

●遮音設計（D 値と TLD 値の関係）

実際の建築現場での 2 室間の遮音性能（D 値）は、遮音壁の試験室での空気音遮音性能（TLD 値）から現場の施工状況や、実際の部屋の設計仕様などによる「音の回り込みその他低減値の合計」を差し引くことで求められます。

D 値＝ TLD 値 − 音の回り込みその他低減値の合計

●床の遮音性能（L 値）

床の遮音性能を示す単位としてL値が使われます。このL値は振動音または実際に聞こえる音のレベルを示します。L値の数字は小さければ小さいほど遮音性能が優れていることを示します（表 6-8-1）。

図 6-8-1 遮音等級

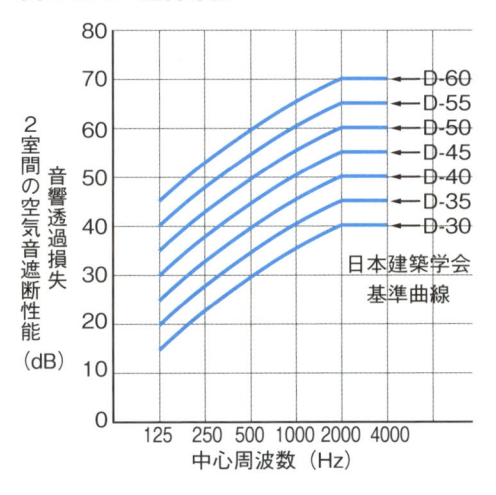

- D 値は実際の建築物の 2 室間の遮音性能（空気音遮断性能）を表す。
- D 値は、中心周波数 125、250、500、1000、2000、4000Hz の 6 帯域測定し、日本建築学会の遮音基準曲線にあてはめ、上記 6 帯域のすべての測定値がある基準を上回るとき、その上回る基準曲線の内の最大の基準曲線の数値を「D 値」とよぶ。

表 6-8-1 床の遮音性能

遮音性	L 値	重量床衝撃音(LH)	軽量床衝撃音(LL)	生活音・プライバシーなど
高い	L−40	遠くから聞こえる感じ	ほとんど聞こえない	気がねなく生活できる
↑	L−45	聞こえるが気にならない	サンダル音は聞こえる	少し気をつける
標準	L−50	ほとんど気にならない	ナイフを落とすと聞こえる	やや注意して生活する
↓	L−55	少し気になる	スリッパでも聞こえる	注意すれば問題ない
低い	L−60	やや気になる	はしを落とすと聞こえる	お互いに我慢できる程度

6-9 防音材料

●防音材の特性

　防音材（遮音材・吸音材・制振材）には、それぞれの製品で防音効果の高い周波数帯があります。仮に、500Hz以下の周波数に防音効果が低い防音材をいくら重ねて施工しても重低音に対しては、効果はほとんど期待できません。防音材は、一般的に周波数特性や構造的な重量、安全性・耐久性を考慮して、相乗効果の高い組合せを使用していく必要があります。

●遮音材料

　遮音材として安くて有効なのは石膏ボードで、構造用合板と組み合わせると効果的です（図6-9-1）。

●吸音材料

　吸音材として安くて有効なのは繊維系断熱材です。グラスウール、ロックウールなどです。吸音材は大きく分類すると以下の3種類に分けられます。

①**多孔質**：小さい穴がたくさんあいている繊維状のものやスポンジ状の物など。グラスウール、ウレタンなどが代表例。高域の吸音率が高い材料です。

②**振動板系**：使われていないスピーカーなどはそのスピーカーの共振周波数を弱めます。フィルム・シート・板などを振動させてやることにより吸音させる材料です。

③**共鳴型系**：共鳴現象を利用して、空気自体を激しく振動させ摩擦熱で音のエネルギーを消費させます。パンチングボードや有孔ボードなどが代表的な材料です。

●制振材料

　制振材料は固体音に対するエネルギー吸収の目的で使用される材料で、素材としてはゴム系・プラスチック系・アスファルト系などが主であり、いず

れもガラス転移点付近の粘弾性を利用したもので、非拘束タイプと拘束タイプに分けられます（図6-9-2）。

①**非拘束タイプ**：基板の加振応力による変化から生じる粘弾性層の伸び縮みを利用することで加振エネルギーを吸収します。

②**拘束タイプ**：粘弾性層の両端が基板と拘束層の二界面で固定されているため、加振応力による変形から生じる層間のずれ（せん断歪）を利用することで加振エネルギーを吸収します。

図 6-9-1　遮音材料の例（石膏ボード）

図 6-9-2　制振材料（非拘束タイプ・拘束タイプの原理）

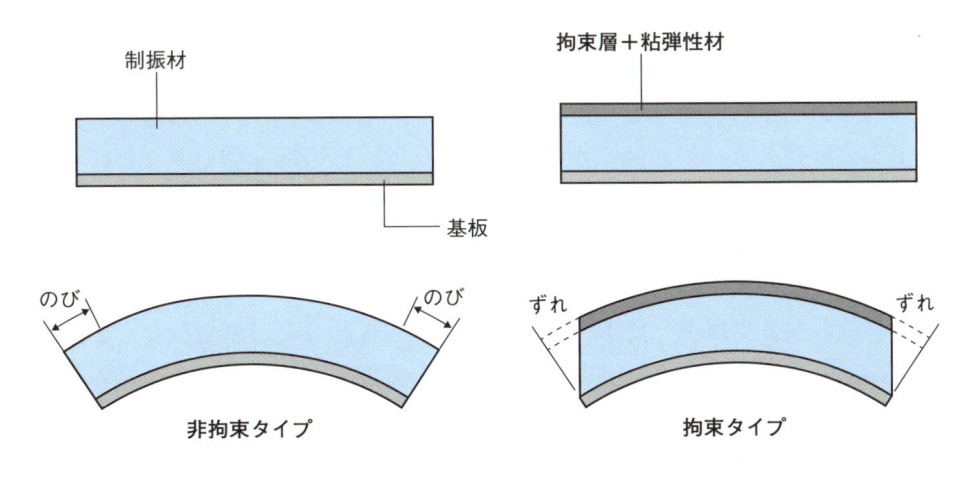

6-10 防音構造

●効果的な防音構造とは何か

防音構造とは、外部からの騒音を遮断するようにした建築構造のことを指します（図6-10-1）。一般的に構造物が十分に重いと音の圧力に負けることなく、音のエネルギーを遮断することができます。部屋の広さに対して、どれだけの面密度（単位面積当たりの重量）を有するかで遮音性能が左右されます。

しかし、45dBの遮音性能を5dBアップさせて50dBにするだけでも、約2倍の重量の防音材が必要になります。単純に面密度だけを考えて防音することは物理的に難しくなります。このため、吸音材や防振材を併せて使用することで、音のエネルギーを効果的に吸収・減少させることができます。

防音は、「遮音」「制振（防振）」「吸音」の3要素を複合的に、コンパクトな多層構造を構築することが重要となります。

●防音構造のいろいろ

1．遮蔽型防音構造

空気を伝わる音に対して有効であり、騒音源から発生している途中に所定の遮音性能を有する壁を設置して防音する構造のことをいいます。例としては、高速道路や新幹線などの鉄道の防音壁、屋上に設置する冷却塔の防音壁、機械などの防音カバー、隣室からの騒音を防ぐための間仕切り壁などになります。

2．防振型防音構造

騒音源となる送風機やポンプの振動、機械の振動などが床や柱などを伝わり、ふたたび壁や床を振動させて騒音となる、固体を伝わる音に対して防音する構造のことをいいます。

例としては、振動するものを防振ゴムやばねで支持したり、建物の構造体

と振動を絶縁する「浮き床構造」などになります。

3．消音型防音構造

空調機のモーターなどから発生する騒音がダクトなどの筒状の中を伝わる中で、空気の流れを遮断できない場合に防音する構造のことをいいます。

例としては、ダクトの消音チャンバや消音器（サイレンサ）、自動車のマフラーなどになります。

4．能動型防音構造

騒音源からの音に対して、スピーカーなどから特定の周波数の音を出し、元の騒音を打ち消そうと防音する構造のことをいいます。

変圧器騒音あるいはダクト内騒音などの防止に適用された例があります。

図 6-10-1　防音構造のイメージ

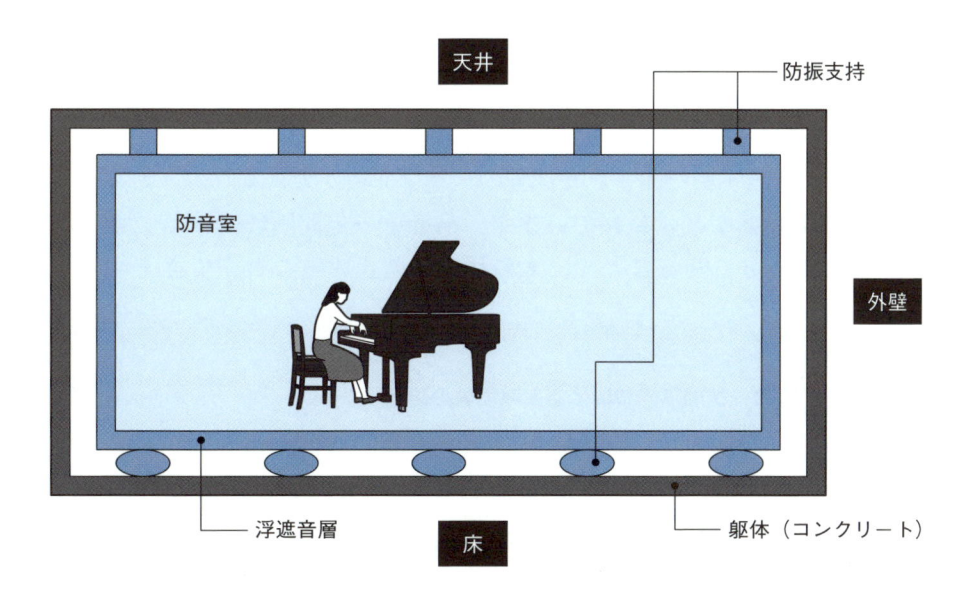

6-11 太鼓現象

●太鼓の原理で大きな音が出る

　太鼓は皮（革）と胴体を共鳴・共振させることで、少ないエネルギーでも大きな音が出る仕組みになっています。その現象と同じように、上階の床の面（太鼓でいう革の部分）と壁（太鼓でいう胴部分）が共振することで足音、スリッパの音、小さな落下物でも、下階には大きく聞こえる現象のことを太鼓現象といいます（図6-12-1）。

　普段生活する上では、足音やテレビの音など、音を出している側は小さな音として認識しているので、下の階へその音が増幅されて聞こえているという意識はまったくありません。よって、マンション・アパートの場合、上階がうるさいと感じている住民も、実は下の階からはうるさいと思われているかもしれません。

●太鼓現象の防止

　柱と柱の間を渡す梁で囲まれた部分のスラブ面積が大きくなると太鼓現象が起こりやすくなるといわれています。小梁を一定間隔に設けて、梁で囲まれた面積を小さく割ることで、太鼓現象を防止することができます（図6-12-2）。

図6-12-2　小梁の一定間隔設置による太鼓現象の防止

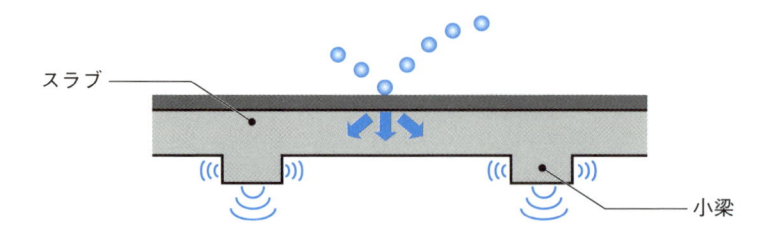

図 6-12-1　太鼓現象

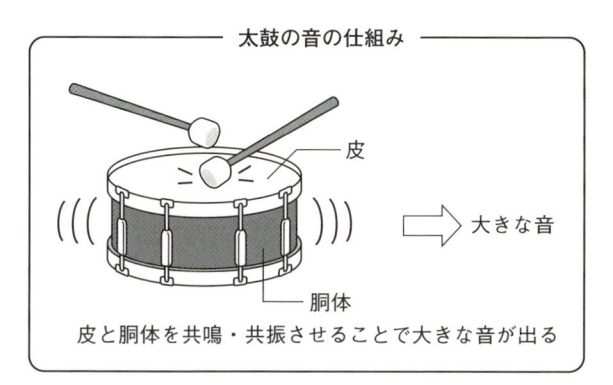

―― 太鼓の音の仕組み ――

⇒ 大きな音

皮
胴体

皮と胴体を共鳴・共振させることで大きな音が出る

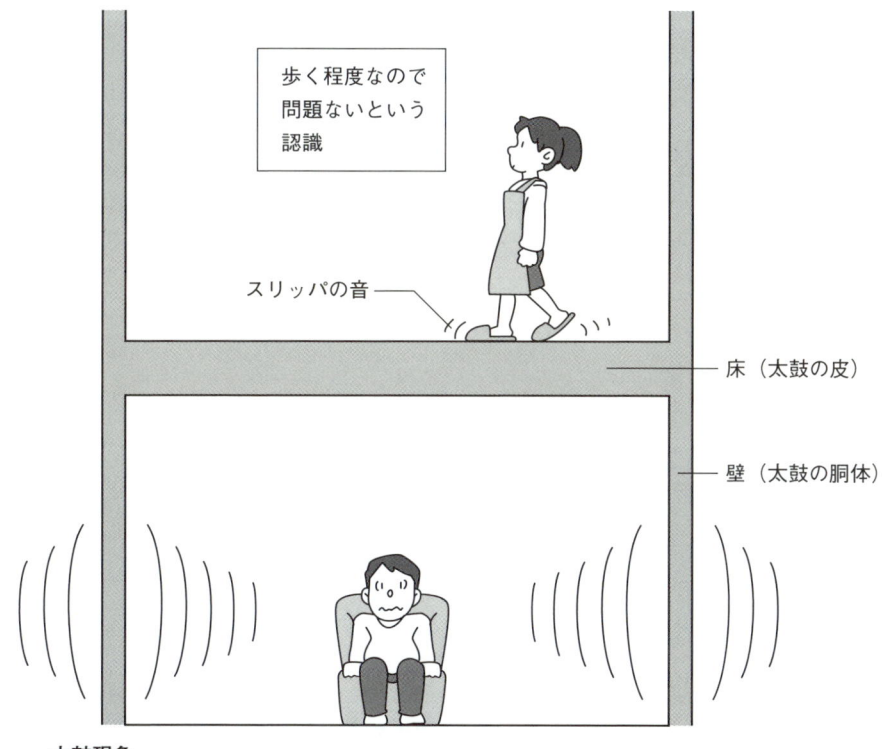

歩く程度なので問題ないという認識

スリッパの音

床（太鼓の皮）

壁（太鼓の胴体）

太鼓現象

床、壁が共鳴・共振することで小さな音でも大きく聞こえる現象

6・防音

6-12 鳴竜現象

●鳴竜の起源

　日光東照宮や京都相国寺などの堂内で、天井画の竜に向けて、拍手や拍子木を打つと、音の多重反射音が聞かれ、「キュイ～ン」と尾をひいた音が響いて、あたかも天井の竜が鳴いているようなので、古来より鳴竜とよばれています。

　また、しまなみ海道の広島県と愛媛県を結ぶ斜張橋に、多々羅大橋があります。完成時には世界最長を誇り、主塔の下の歩道で手をたたくと"鳴竜"が起こる橋としても知られています（図6-12-1）。

●鳴竜現象の原理

　鳴竜現象とは、反射性の壁体が向き合い、音がこの壁面を繰返し往復反射し、二重、三重に聞こえる現象のことをいいます。フラッターエコー（flutter echo）ともいいます（図6-12-2）。日光東照宮では、床と天井に堅い木の板を使っていること（音を反射しやすい）、天井の中央が凹面になっていること（音が拡散しにくい）が影響しています。

●フラッターエコーの防止

　室内音響計画においては、音の明瞭度が著しく低下し、音楽や演奏に悪影響を及ぼすため、このような現象が生じないように、形状の工夫や拡散・吸音処理をする必要があります。

　フラッターエコーは中高域で発生するので、平行面に吸音性のカーテンを引いたり、平行面をなくせば（拡散させれば）簡単に退治することができます。基本的には中高域の響きを残すために、吸音よりは拡散を用いる場合が多いです。

図 6-12-1　多々羅大橋

（写真提供：本州四国連絡高速道路）

図 6-12-2　フラッターエコーの原理（多々羅大橋）

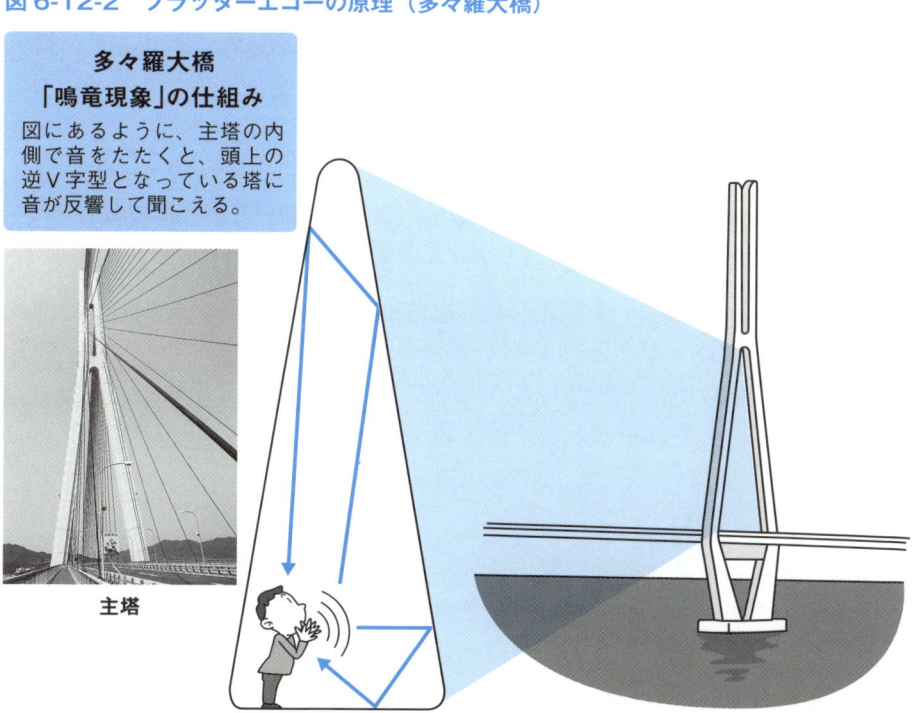

多々羅大橋「鳴竜現象」の仕組み

図にあるように、主塔の内側で音をたたくと、頭上の逆V字型となっている塔に音が反響して聞こえる。

主塔

6・防音

6-13 消音

●消音の方法

消音とは、開口部から漏れる音やダクトを通じて音が伝搬していく音などを消す技術のことです。

騒音を消すために、吸音材や反射板によるマフラーやサイレンサーを用いたパッシブ消音、音の重ね合わせの原理を利用したアクティブ消音があります。これは「アクティブ＝能動的」に対して「パッシブ＝受動的」という意味で使われています。消音の難しさは工場などから発生する周波数 100 Hz 以下のような低周波音にあります。

●パッシブ消音

音を低減する方法として、パッシブ消音とよばれる技術があります。換気や空調のダクトを通じて伝播していく、空調機や送風機で発生するモータの音を消すために消音器（サイレンサー）などが用いられます。

その構造は、吸音材や反射板を用い、音を吸収させたり反射させたりすることで音を低減しています。高い周波数の音は吸音材でよく吸収されたり、直進性があるので反射板によって跳ね返されたりして音は小さくなります。逆に低い周波数の音は、吸音材の効果が低いことや反射板があっても隙間をすり抜けていく性質があるためなかなか低減できません（図6-13-1）。波長の長い低い周波数の音を低減しようとすると、それだけ構造的に大きなものになってしまい、それがパッシブ消音器の大きな欠点となっています。

●アクティブ消音

急速なデジタル信号処理技術の発展に伴い、音を音で消すアクティブ消音の技術が、さまざまな音場で実用化されるようになってきました。アクティブ消音の基本原理は、ある騒音の波形に、その騒音の波形を上下にひっくり返した波形（逆位相の音）を加えることです。そうすると、山と谷が相殺さ

れて音が消えることになります。これを、重ね合わせの原理とよびます。

つまり、一方の波形が山すなわち空気の密度が高いものに、もう一方の波形が谷すなわち空気の密度が低いものを重ね合わせると、空気の密度が均一化されて、音にならなくなります（図6-13-2）。

フラッターエコーは中高域で発生するので、平行面に吸音性のカーテンを引いたり、平行面をなくせば（拡散させれば）簡単に退治することができます。基本的には中高域の響きを残すために、吸音よりは拡散を用いる場合が多いことになるのです。

図 6-13-1　パッシブ消音の基本原理（自動車のマフラーの例）

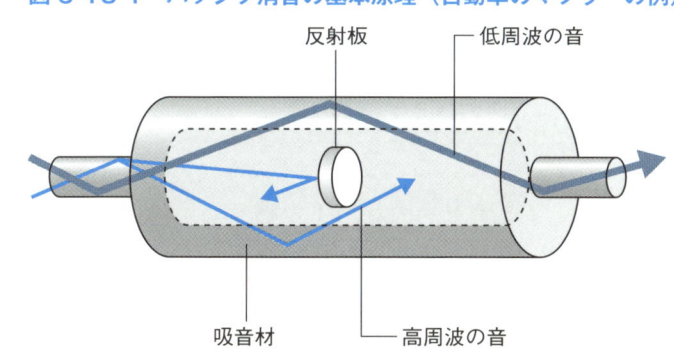

反射板
低周波の音
吸音材
高周波の音

高い周波数の音は、吸音材や反射板で低減できるが、低い周波音の音は、あまり吸音されずに通過する。

図 6-13-2　アクティブ消音の基本原理

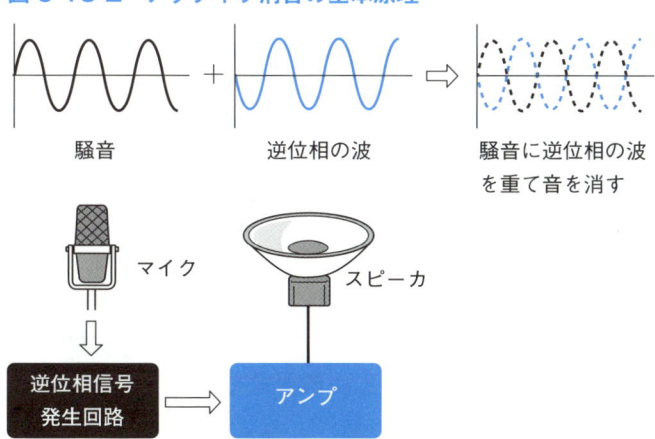

騒音　＋　逆位相の波　⇒　騒音に逆位相の波を重て音を消す

マイク
スピーカ
逆位相信号発生回路　⇒　アンプ

6-14 音のマスキング

●マスキングの定義

　マスキングとは、ある音を別の音で消してしまうことです。また、ある音を聞こうとしたときに、周囲に騒音が存在すると、聞きにくいことがあります。このとき、別の音や騒音がある音をマスクしてしまいます。マスクする音をマスカー（Masker）といい、マスクされて聞こえなくなる音をマスキー（Maskee）とよびます。両者の音程が近いほど顕著で、より低い音がより高い音を覆い隠しやすくなります。

　マスキング効果の及ぶ特定の領域（周波数幅）をクリティカル・バンド（Critical Band、臨界帯域）とよびます。このクリティカル・バンドに含まれると他の音が一切聞こえなくなります。図6-14-1の❶でいえば、音Aが発生した場合、その前後の周波数に広がるスロープ状の領域がクリティカル・バンドです。クリティカル・バンドからはみ出す音Bの部分は問題なく聴けえますが、クリティカル・バンドにすっぽり入ってしまう音Cは聴こえなくなってしまいます。

　マスキング効果自体は周波数方向だけではなく、時間軸方向にも有効です。つまり、大きな音が発生した直後だけでなく、なぜか直前も小さな音が聴こえなくなります。これをテンポラル・マスキング効果といいます。図6-14-1の❷で音Bと音Cは聴こえなくなってしまいます。

●マスキング効果を利用したもの

　多くの喫茶店では、BGMを流しています。これは、BGMがマスキングサウンドとして働くため、周囲の話し声が気にならなくなる効果をねらっています（図6-14-2）。また、トイレで用を足している際の音を消すための擬音装置もマスキングサウンドの1つです。さらに、マスキングされて聞こえなくなる音を信号化せずに、音質を落とさず音の情報量を小さくするためのデジタル音響における音の信号の圧縮技術（MP3）などにも応用されてい

ます。

　このマスキングは聴覚に限ったものではなく、味覚・臭覚・視覚などにおいても起こります。嫌なにおいを別の強いにおいでかき消す、嫌いな味に調味料をたくさん入れて他の味に変えるといったことが例にあげられます。

図6-14-1　マスキング効果とテンポラル・マスキング効果

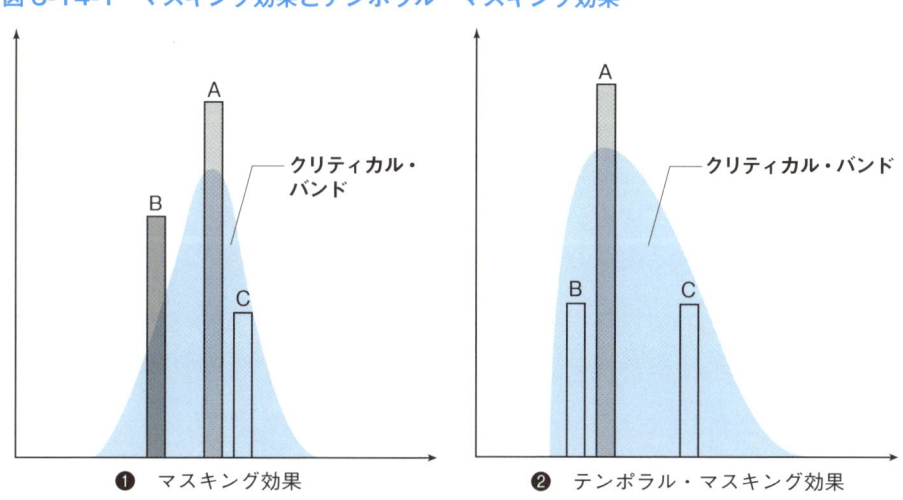

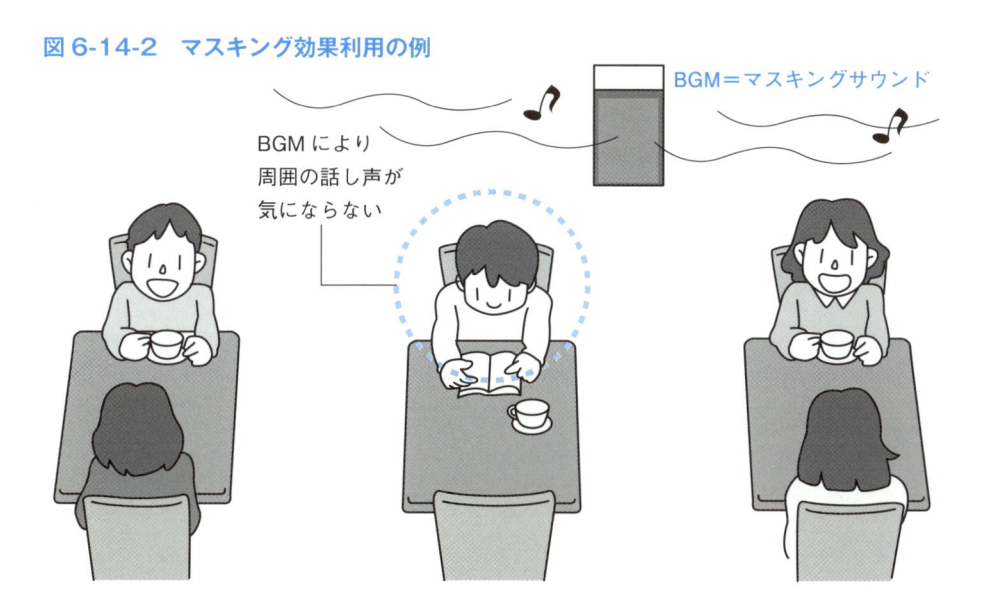

❶　マスキング効果

❷　テンポラル・マスキング効果

図6-14-2　マスキング効果利用の例

BGM＝マスキングサウンド

BGMにより周囲の話し声が気にならない

> **❗ 防音に隙間は大敵**
>
> 　防音をするために、壁で遮音したり吸音したりします。一般にはこれでよしと考えられますが、音が天井を通り、天井から床を通り、床から出てくることがあります。
> 　つまり壁だけでいえば、防音という目的は達成していますが、音の通る開口は、壁だけでなく、天井や床であったり、あるいは防音された壁に設けられたドアから音が出入りすることもあります。
> 　より完璧な防音をするためには、全てに「音的な隙間」を作らないようにすることが大事です。

第7章

シックハウス

安全、安心を確保すべき家で、
建築を構成する部材や部品が原因で不具合が
生じることがあります。
この章では、シックハウス全般や、健康で健全な住居の姿を
導くための内容を解説します。

7-1 シックハウス症候群

●健康に害を及ぼすシックハウス症候群

　1970年代のオイルショックを契機に、欧米諸国では省エネルギーを目的に建物の気密化と最低限必要な換気量の大幅削減が行われました。その結果、有害な空気汚染物質が室内に溜まりやすくなり、このような環境下にいる人たちの健康に悪影響を及ぼすことが報告され始めました。このような症状は「シックビルディング症候群」とよばれています。

　日本では建材や家具、日用品からの化学物質発散の増加に住宅の気密性の向上、ライフスタイルの変化による換気量不足が相まって、新築やリフォーム後の住宅に入居した人の健康に悪影響が出るようになりました（図7-1-1）。この症状は特異的なものではなく、めまいや吐き気、頭痛がする、目がチカチカする、喉が痛い、皮膚の乾燥、集中力・記憶力の低下など多様な症状が見られることから、このような症状を「シックハウス症候群」とよんでいます。

●シックハウス症候群に対する取り組み

　その原因の一部は建材や家具、日用品などから発散するホルムアルデヒドやVOCなどの揮発性有機化合物と考えられていますが（図7-1-2）、誰にでも発症するわけではなく、その症状発生のメカニズムはまだ解明されていません。また、保育園や幼稚園、小・中・高等学校の教室や体育館などで発症する例も報告されており、これらは「シックスクール症候群」とよばれています。

　この章では、シックハウス症候群の原因の1つと考えられている物質の特徴やシックハウス対策のために改正された建築基準法における対策について説明します。同様に化学物質により発症する症状に「化学物質過敏症」がありますが、シックハウス症候群は建物由来により発症するため、当該建物を離れることにより、症状が緩和されるという特徴があります。

図 7-1-1　シックハウス症候群による健康への影響

化学物質による室内空気汚染 ➡ 健康影響の発生（眼、鼻、喉の痛み、めまい、吐き気、頭痛など）

- 多様な化学物質の利用
- 建具（床、壁、天井など）
- ホルムアルデヒドなど
- 家具
- 換気の不足
- 建築物の気密性の向上
- 床下　しろあり駆除剤（クロルピリホスなど）

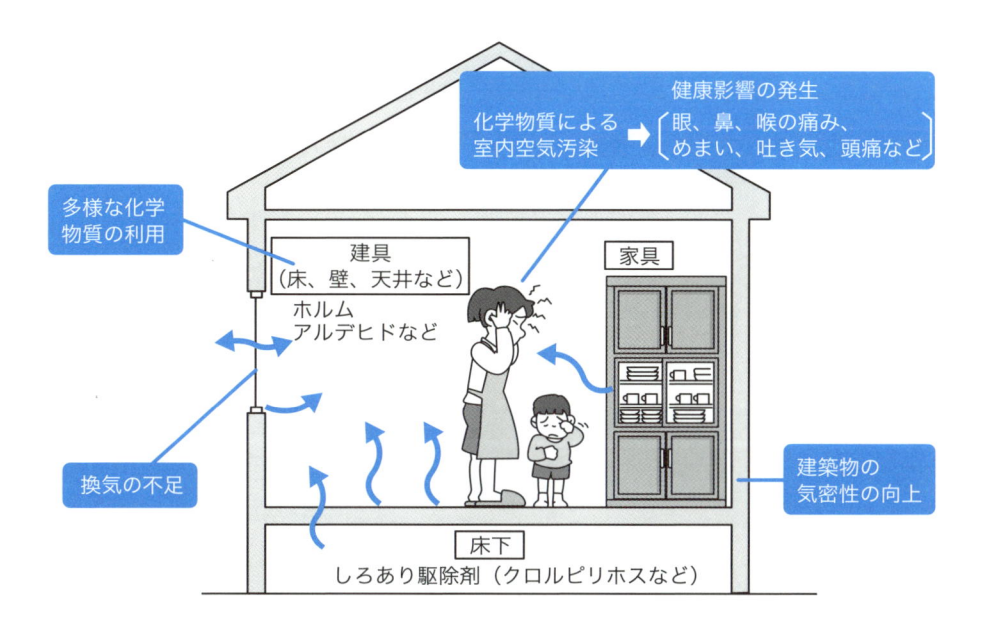

図 7-1-2　化学物質の主な発生源

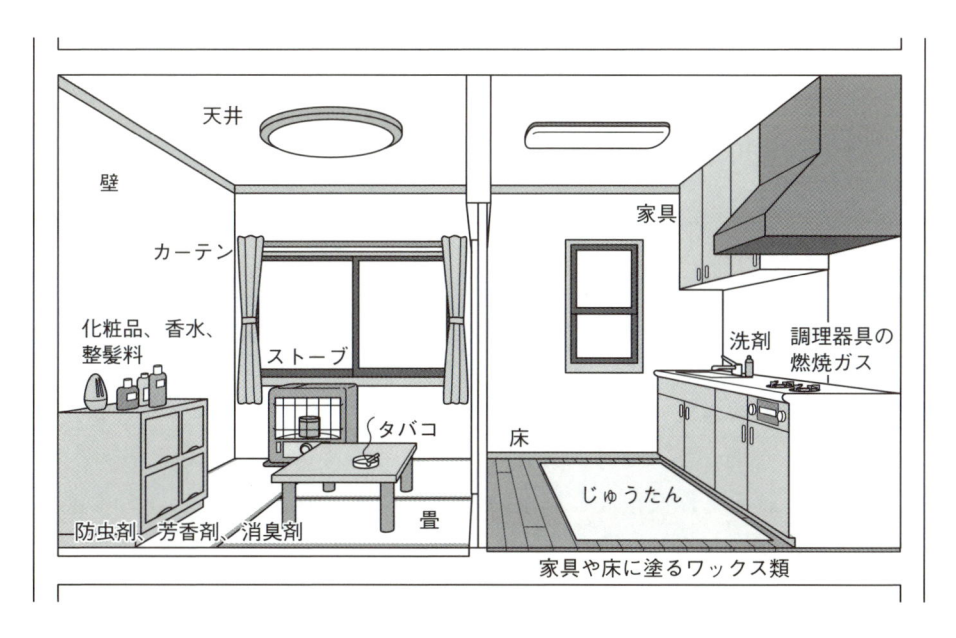

- 天井
- 壁
- カーテン
- 化粧品、香水、整髪料
- ストーブ
- タバコ
- 防虫剤、芳香剤、消臭剤
- 畳
- 家具
- 洗剤
- 調理器具の燃焼ガス
- 床
- じゅうたん
- 家具や床に塗るワックス類

7・シックハウス

7-2 シックハウスの原因物質

　室内に放散される化学物質がシックハウス症候群の原因で、その中でもホルムアルデヒド（HCHO）が主な原因物質です。そのため、建築基準法などでも対策が考えられています。

●シックハウスの原因物質、ホルムアルデヒドの正体

　ホルムアルデヒドとは、無色で刺激臭のある可燃性気体で、水に溶ける性質を持っています。小学校や中学校の理科室で生物の標本を見たことがある人もいるのではないでしょうか？　あの標本を保存するための液体は、ホルムアルデヒドを水に溶かしたホルマリンです。

　接着性や速乾性に優れていて、安値であることから、パーティクルボードや繊維板をはじめ、複合フローリング板、修正剤、合板などを接合する際の接着剤や塗料、防腐剤、消臭剤などに使用されてきました。壁紙や断熱材にも含まれているため、合板を用いた天井・壁・床板・家具などから室内に発散していたと考えられています。

●シックハウスは何故、発症するのか

　化学物質が原因となって発症するシックハウス症候群は、各自が持っている化学物質の許容量に対して、体内に吸入した化学物質の量が多くなってしまうことにより発生します。許容量は各自によって異なるため、誰でも発症するというわけではなく、個人差があります（図7-2-1）。ホルムアルデヒドは人体の粘膜に対する刺激が強く、ぜんそくなどの気管支炎を起こします。また、皮膚では、アレルギー性の皮膚炎を起こします（表7-2-1）。

　高温・高湿であるほどたくさん発散する特徴があるため、冬よりも夏に特に注意をする必要があります。新築やリフォーム後の住宅に入居する際や、新しい家具を購入した直後などは室内の空気の質に注意をして、十分な換気を心がけるようにしましょう。

図 7-2-1　人の化学物質許容量と蓄積量

人により許容量はさまざま

吸引によるホルムアルデヒド量が許容量以下
ホルムアルデヒドの許容量
→ 健康への影響は発生しない

吸引によるホルムアルデヒド量が許容量を超えた
ホルムアルデヒドの許容量
→ 健康への影響が発生

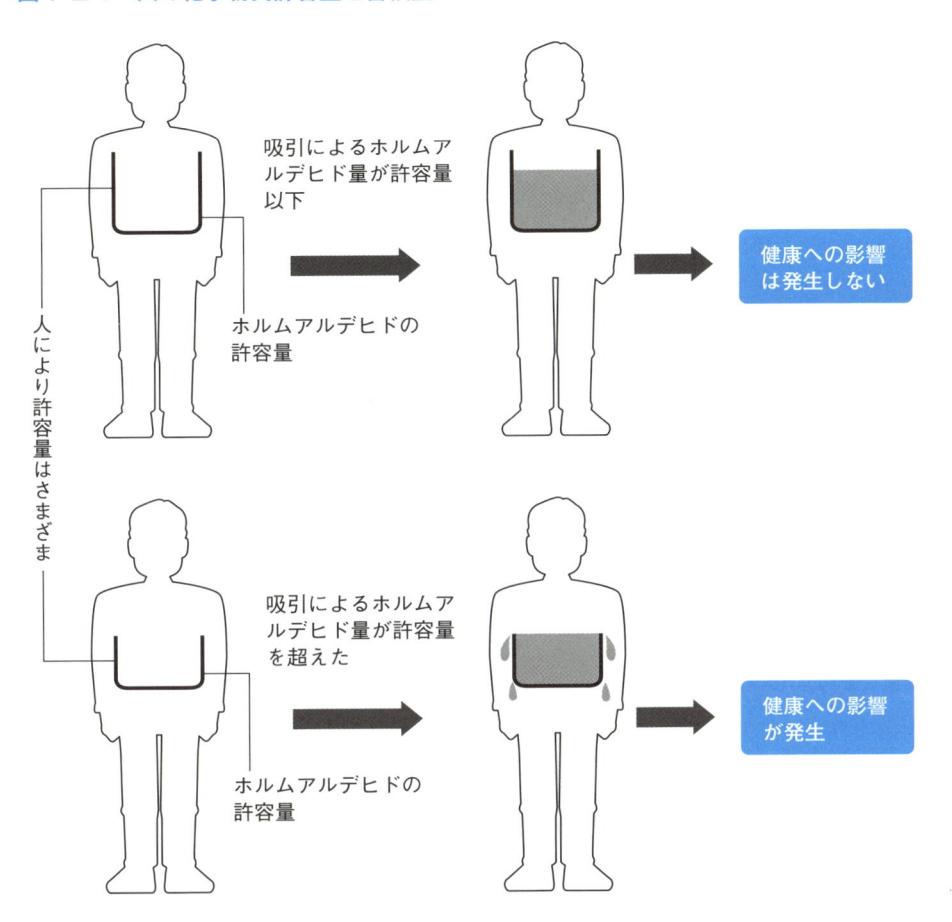

表 7-2-1　化学物質によって引き起こされる症状

粘膜症状	目、鼻、喉の刺激
中枢神経系症状	頭痛、疲労、倦怠感
精神神経症状	抑うつ、不安、集中力・記憶力の低下
呼吸器症状	胸部苦悶感、息切れ、咳
皮膚症状	乾燥、掻痒感、紅斑、湿疹

7・シックハウス

7-3 シックハウス対策のための法規制

　シックハウス対策として、平成15年に改正建築基準法が施行されました。これはシックハウスの原因と考えられる化学物質の室内濃度を下げるための法律です。内容は主に「ホルムアルデヒド対策」と「クロルピリホス対策」に分けられます（表7-3-1）。

●ホルムアルデヒドへの対策

　改正建築基準法ではホルムアルデヒド対策として、図7-3-1に示すように3つの対策がとられています。

　1つめは「内装仕上げの制限」です。ホルムアルデヒドを発散する建材は、その放散速度によって後述するように4つの区分に分類されます。これらを内装材に使用する際の面積制限が定められています。なお、外装材への制限はありません。

　2つめは「換気設備設置の義務付け」です。内装材の面積制限を行っても、使用者が持ち込んだ家具や生活用品などからのホルムアルデヒド発散が考えられます。その対策として、原則として全ての建築物に換気回数0.5回/h（1時間あたりに部屋の容積の半分の量の換気が行われること）の機械換気設備の設置が義務付けられました。

　3つめは「天井裏などの制限」です。天井裏や壁内などは生活空間とは隔離され、日常での人の出入りはありません。しかし、コンセントや照明の取り付け穴などといったさまざまな隙間で居室と繋がっています。そのため、これらの空間からのホルムアルデヒドの流入を防ぐために「ホルムアルデヒド発散の少ない建材の使用」「気密層・通気止めを設ける」「天井裏も換気をする」のいずれかの措置が必要になります。

●クロルピリホスへの対策

　クロルピリホスとは防蟻処理された木材やシロアリ駆除剤などに用いられている化学物質です。クロルピリホスも人間の健康に被害を及ぼすことがわ

かったため、居室のある建築物ではクロルピリホスの使用を禁止しています。

表 7-3-1　シックハウス対策のための法規制

シックハウス対策のための法規制 （平成 15 年 7 月 1 日　改正建築基準法の施行）	
ホルムアルデヒド対策	内装仕上げの制限
	換気設備の設置の義務付け
	天井裏などの制限
クロルピリホス対策	クロルピリホスの使用禁止

図 7-3-1　3つのホルムアルデヒド対策

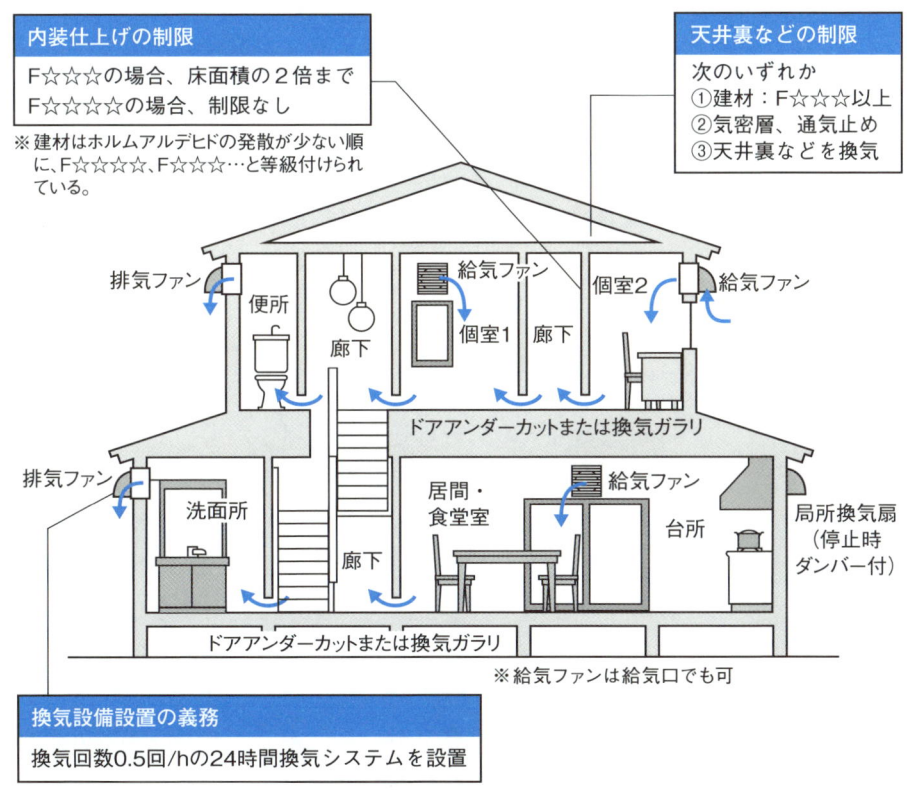

内装仕上げの制限
F☆☆☆の場合、床面積の2倍まで
F☆☆☆☆の場合、制限なし

※建材はホルムアルデヒドの発散が少ない順に、F☆☆☆☆、F☆☆☆…と等級付けられている。

天井裏などの制限
次のいずれか
①建材：F☆☆☆以上
②気密層、通気止め
③天井裏などを換気

（排気ファン　便所　廊下　給気ファン　個室1　廊下　個室2　給気ファン）
ドアアンダーカットまたは換気ガラリ
（排気ファン　洗面所　廊下　居間・食堂室　給気ファン　台所　局所換気扇（停止時ダンバー付））
ドアアンダーカットまたは換気ガラリ
※給気ファンは給気口でも可

換気設備設置の義務
換気回数0.5回/hの24時間換気システムを設置

※換気回数0.5回/hとは、1時間当たり部屋の空気の半分が入れ替わること

7・シックハウス

7-4 換気

●換気の目的と種類

　人間の呼気に含まれる二酸化炭素などにより、閉め切った室内の空気は次第に汚れていきます。換気とは室内の汚れた空気と外の新鮮な空気（外気）を交換することです。換気により、室内に発生した化学物質の排出も行われるので、シックハウス症候群の予防に効果があります。

　これまで、浴室、トイレ、台所など、局所的に水蒸気や臭いが多く発生する場所には換気に高い関心がありましたが、居室の換気は重要視されてきませんでした。改正建築基準法の施行により、ようやく全般換気の必要性が認識されはじめました。

　換気の方法は「自然換気」と「機械換気」があります（表7-4-1）。自然換気には外に吹いている風の力による「風力換気」と室内と屋外の温度差により生じる「温度差換気（重力換気ともいう）」があります。機械換気とは送風機を用いて強制的に行う換気のことをいい、3種類の換気方式に分類されます（図7-4-1）。

●機械換気方式の種類

　第1種換気方式とは給気と排気の両方に送風機を用いるもので、ビルなどに多く使われています。室内の圧力を任意に調整できる高品位な方式です。

　第2種換気方式とは給気のみに送風機を用いるものです。室内が室外よりも正（プラス）圧となり汚染物質の室内への流入を防ぐことができるため、高い清浄度が要求される室に適用されます。気密性が低いと冬季の高湿度の室内空気が壁体内に入り、内部結露を起こす恐れがあるため、住宅ではあまり使用されません。

　第3種換気方式とは排気のみに送風機を用いる方式です。室内が室外よりも負（マイナス）圧となり汚染物質の室外への流出を防ぐことができるため、汚染物質が発生する室（トイレなど）に使用されます。現在の住宅で一般的

に使用されている換気方式です。改正建築基準法では住宅などの居室においては換気回数0.5回/h以上、住宅等の居室以外の居室においては換気回数0.3回/h以上の機械換気設備の設置が義務づけられています。

表7-4-1　換気の種類と内容

種類		内容
換気の種別	全般換気	居間や寝室などの室内全体の換気
	局所換気	局所的に汚染物質を排出するための換気
換気の方法	自然換気	風力や室内外の温度差によって換気する方法
	機械換気	送風機を用いて強制的に換気する方法

図7-4-1　機械換気方式の分類と特徴

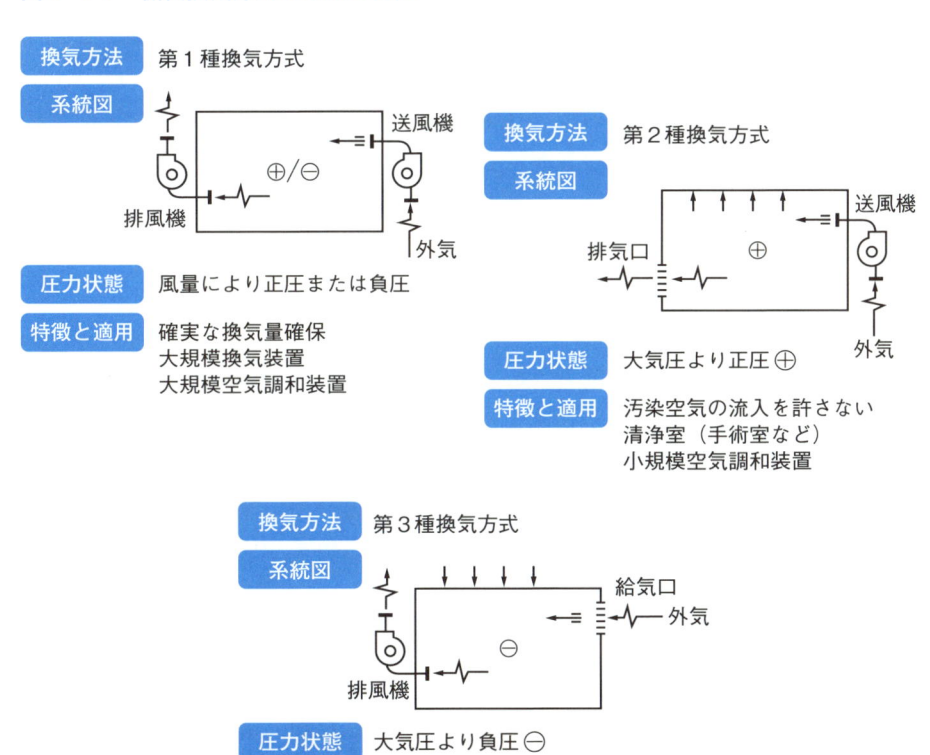

第1種換気方式

系統図：排風機／送風機／外気　⊕/⊖

圧力状態：風量により正圧または負圧

特徴と適用：
確実な換気量確保
大規模換気装置
大規模空気調和装置

第2種換気方式

系統図：排気口／送風機／外気　⊕

圧力状態：大気圧より正圧 ⊕

特徴と適用：
汚染空気の流入を許さない
清浄室（手術室など）
小規模空気調和装置

第3種換気方式

系統図：排風機／給気口／外気　⊖

圧力状態：大気圧より負圧 ⊖

特徴と適用：
他に汚染空気を出してはならない
汚染室（伝染病室、WC、塗装室など）

7-5 24時間換気

● 24時間換気とは

　前述の改正建築基準法において設置の義務づけが定められている機械換気設備は24時間連続運転を前提としているため、24時間換気システムともよばれています。

　現在の日本では、浴室や洗面所に設置されている局所的な換気設備を住宅全体の換気容量を持つものにして、24時間換気システムとして利用しているのが一般的です（図7-5-1）。この場合は第3種換気方式となります。第3種換気方式の換気システムを導入する際は、建物の気密性にも配慮が必要です。排気口から強制的にファンで排気をするため室内は外よりも負圧（圧力が低い状態）となり、隙間の多い住宅では本来意図していない（給気口ではない）場所から室内に外の空気が流入してしまうからです。計画的に換気を行うためには、住宅の気密性も重要な要素となるのです。最近では第1種換気方式の換気システムを採用している事例も多くみられます。

●熱交換器

　寒冷地の住宅で第3種換気方式のシステムを導入すると、冬季に冷たくて乾燥した外の空気が給気口から流入することで、室内の温熱環境が悪化したり、暖房用エネルギーが増加することが考えられます。

　このような場合には、第1種換気方式のシステム内に図7-5-2に示すような熱交換器を組み込むことで、冬季に給気口から流入する空気の温度と湿度を高くすることが可能となります。これは、熱交換器は冬季に暖房・加湿している部屋から排出する空気が持っている熱と湿気を、外から室内に供給される冷たくて乾燥している空気に移動させる機能を備えているためです。

　以前はオフィスなどでの利用が多くみられましたが、最近では住宅用の製品も多く開発されています。省エネルギー対策としても注目されており、住宅での利用も増加傾向にあります。夏季には外から流入してくる空気の熱と

湿気を、室内から排出する空気に移動することが可能となります。

図 7-5-1　第3種換気方式による 24 時間換気システム

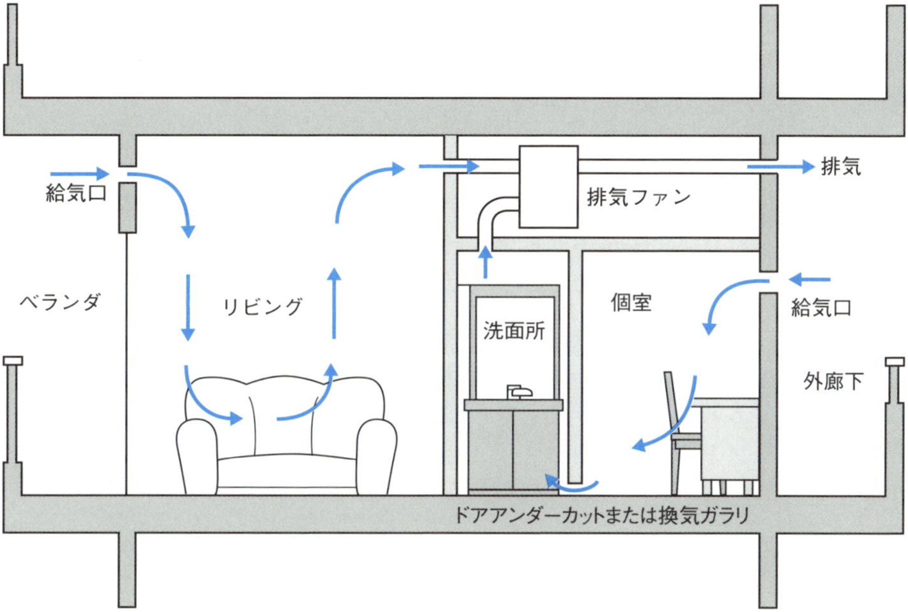

図 7-5-2　熱交換器

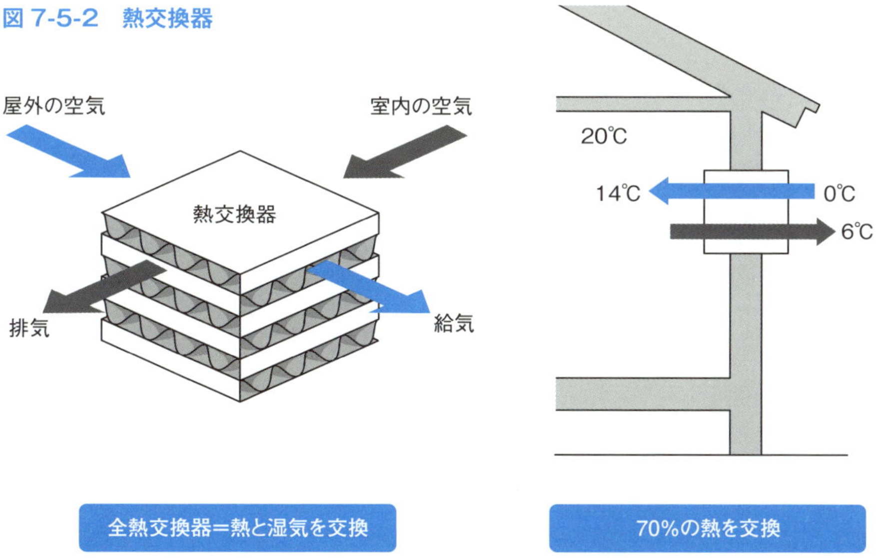

全熱交換器＝熱と湿気を交換

70％の熱を交換

7-6 VOC

●特に注意が必要な13物質

　VOCsはVolatile Organic Compoundsの略で、揮発性有機化合物ともよびます。常温で液体や個体の形で存在する1mm Hg以上の蒸気圧をもつ有機化合物です。WHO（世界保健機構）は揮発性有機化合物を沸点の高さ（揮発性の高さ）によって、表7-6-1のように大きく4つに分類しています。

　シックハウス症候群の発生にVOCsが大きく関わっていると考えられているため、厚生労働省は表7-6-2に示すように、数多く存在する揮発性有機化合物の中でも特に13の物質について、室内濃度の指針値を定めています。クロルピリホスとホルムアルデヒドは建築基準法の規制対象物質でもあります。

　住宅の完成段階で、第三者機関に住宅性能の評価をしてもらう制度がありますが（住宅性能表示制度）、ホルムアルデヒド、トルエン、キシレン、エチルベンゼン、スチレンの5種類の化学物質については、希望すれば測定条件とともに室内濃度の結果を表示してもらうことができます。

●どのような特徴があるのか？

　ホルムアルデヒドは前述のように合板や壁紙用接着剤などに用いられています。トルエン、キシレン、エチルベンゼンも内装材などの接着剤や塗料に用いられています。人体への影響としては、皮膚や目・鼻・喉などの粘膜への刺激作用が挙げられます。また、中枢神経に作用することにより、麻酔作用を引き起こし、頭痛やめまいが発生することもあります。高濃度の物質を吸い込むことで、死に至ることもあります。

　スチレンはポリスチレンやゴムの製造に使用されています。ポリスチレン樹脂などを使用した断熱材などから室内へ流入してしまうことが考えられます。人体への影響はトルエンなどと似ています。衣類の防虫剤やトイレの芳香剤などに用いられているパラジクロロベンゼンも高濃度になると目や鼻に

痛みを感じることがあります。

　新しい家具やカーテン、絨毯、床に塗るワックスなどには化学物質を発散するものもあるので注意し、日常生活での換気を心がけましょう。

表 7-6-1　揮発性有機化合物の種類

分類	記号	沸点範囲	主な化合物
高揮発性有機化合物	VVOCs	50 ～ 100℃以下	ホルムアルデヒド、アセトアルデヒド
揮発性有機化合物	VOCs	50 ～ 100℃以上、240 ～ 260℃以下	トルエン、エチルベンゼン、キシレン
準揮発性有機化合物	SVOCs	240 ～ 260℃以上、380 ～ 400℃以下	クロルピリホス
粒子状または粒子結合有機化合物	POM	380℃以上	

表 7-6-2　化学物質の室内濃度の指針値

	化学物質	指針値※	主な用途
厚生労働省が濃度指針値を定めた13物質	ホルムアルデヒド	0.08ppm	・合板、パーティクルボード、壁紙用接着剤などに用いられるユリア系、メラミン系、フェノール系などの合成樹脂、接着剤 ・一部ののりなどの防腐剤
	アセトアルデヒド	0.03ppm	ホルムアルデヒド同様、一部の接着剤、防腐剤など
	トルエン	0.07ppm	内装材などの施工用接着剤、塗料など
	キシレン	0.20ppm	内装材などの施工用接着剤、塗料など
	エチルベンゼン	0.88ppm	内装材などの施工用接着剤、塗料など
	スチレン	0.05ppm	ポリスチレン樹脂などを使用した断熱材など
	パラジクロロベンゼン	0.04ppm	衣類の防虫剤、トイレの芳香剤など
	テトラデカン	0.04ppm	灯油、塗料などの溶剤
	クロルピリホス	0.07ppb（小児の場合 0.007ppb）	シロアリ駆除剤
	フェノブカルブ	3.8ppb	シロアリ駆除剤
	ダイアジノン	0.02ppb	殺虫剤
	フタル酸ジ－n－ブチル	0.02ppm	塗料、接着剤などの可塑剤
	フタル酸ジ－2－エチルヘキシル	7.6ppb	壁紙、床材などの可塑剤

※ 25℃の場合　ppm：100 万分の 1 の濃度、ppb：10 億分の 1 の濃度

7-7 Fスター

●内装仕上げに使用する建材の区分

平成15年の建築基準法の改正により、シックハウス対策として、建物の内装仕上げ（床・壁・天井・建具など）に使用する建材の面積制限が追加されました。内装仕上げへの使用が制限される建材は合板、木質系フローリング、集成材、パーティクルボード、壁紙、保温材、断熱材、塗料などとなります。これらの建材はホルムアルデヒドの放散速度に応じて、表7-7-1のように区分されています。放散速度 $1\mu g/m^2 h$ とは建材 $1m^2$ につき1時間あたり $1\mu g$ のホルムアルデヒドが発散されることです。最もホルムアルデヒド発散の少ない建材（F☆☆☆☆）は建築基準法の規制対象外となり、内装仕上げへの面積制限はありません。また、放散速度が $120\mu g/m^2 h$ を超える建材は内装仕上げへの使用は禁止されています。

●内装仕上げへの面積制限

表7-7-1に区分されている建材のうち、第2種（F☆☆）および第3種ホルムアルデヒド発散建材（F☆☆☆）については、内装仕上げに使用する際の面積の制限が決められています。居室の場合には第2種および第3種ホルムアルデヒド発散建材が使用できる面積は表7-7-2に示される式で決められます。例えば、換気回数0.5回/hの住宅の居室に第3種ホルムアルデヒド建材のみを使用する場合には、式中の S_2 が0となりますので、居室の床面積の2倍の面積まで使用できることになります。

上記で定められている区分や面積制限はホルムアルデヒドを対象に示されています。室内には他の化学物質の発散もありますので、注意が必要です。

> **解説** **Fスター**：従来、ホルムアルデヒド発散の多い建材についてはJIS（日本工業規格）とJAS（日本農林規格）で異なる表記をしていましたが、建築基準法の改正により、F☆☆☆☆（エフフォースターと読みます）のように共通した表記となりました。F☆☆☆☆のFはホルムアルデヒド（Formaldehyde）の頭文字をとったものです。☆の数が多いほど、ホルムアルデヒド発散が少ないことを意味します。

表 7-7-1　ホルムアルデヒド発散建材の区分表

建築材料の区分	ホルムアルデヒドの発散		JIS、JAS などの表示記号	内装仕上げの制限
建築基準法の規制対象外	少ない ↑	$5\mu g/m^2 h$ 以下	F ☆☆☆☆	制限なしに使える
第3種ホルムアルデヒド発散建築材料		$5\mu g/m^2 h \sim 20\mu g/m^2 h$	F ☆☆☆	使用面積が制限される
第2種ホルムアルデヒド発散建築材料		$20\mu g/m^2 h \sim 120\mu g/m^2 h$	F ☆☆	
第1種ホルムアルデヒド発散建築材料	多い ↓	$120\mu g/m^2 h$ 超	旧 E_2、FC_2 または表示なし	使用禁止

表 7-7-2　第2種、第3種ホルムアルデヒド発散建材の使用面積制限

$$N_2S_2 + N_3S_3 \leq A$$

第2種分　　第3種分

S_2：第2種ホルムアルデヒド発散建築材料の使用面積
S_3：第2種ホルムアルデヒド発散建築材料の使用面積
A：居室の床面積

居室の種類	換気回数	N_2	N_3
住宅などの居室（※）	0.7 回/h 以上	1.2	0.20
	0.5 回/h 以上 0.7 回/h 未満	2.8	0.50
上記以外の居室（※）	0.7 回/h 以上	0.88	0.15
	0.5 回/h 以上 0.7 回/h 未満	1.4	0.25
	0.3 回/h 以上 0.5 回/h 未満	3.0	0.50

※住宅などの居室とは、住宅の居室、下宿の宿泊室、寄宿舎の寝室、家具その他これに類する物品の販売業を営む店舗の売り場をいう。上記以外の居室には、学校、オフィス、病院など他の用途の居室がすべてふくまれる。

> **⚠ ケースに応じたアレルギー対策を**
>
> 　アレルギー対策として、室内換気を十分にすれば治まるアレルギーは、ハウスダストなどに起因する場合がほとんどですが、外の空気が室内に入ることでアレルギー症状が悪化するケースもあります。
> 　そのため、アレルギー対策として、換気だけでなく、アレルギー症状に合わせた対策が求められます。
> 　例えば、電磁波アレルギー対策として、電気ケーブルを電線管（鉄管）に入線して対応したこともあります。

第 **8** 章

エコハウス

世の中にはさまざまなエコハウスがあります。
それらを紹介するとともに、
その目的や特徴について解説することで、
理解を深められるように示しました。

8-1 環境共生住宅

●自然環境と共存する住宅

　環境共生住宅は、地球環境の保全、周辺環境との親和性、居住環境の健康・快適性を達成する住まいづくりを目指し、一般財団法人建築環境・省エネルギー機構によって「地球環境を保全するという観点から、エネルギー・資源・廃棄物などの面で充分な配慮がなされ、また周辺の自然環境と親密に美しく調和し、住み手が主体的に係りながら、健康で快適に生活できるよう工夫された住宅、およびその地域環境」と定義されています。環境共生住宅認定制度は1998年度から始まり、普及が進められています（図8-1-1）。

　認定基準には、環境共生住宅と特に優れた性能を有する環境共生住宅先導型の2種類があります。2012年度版の環境共生住宅基準（戸建住宅）では、認定の条件として、CASBEE戸建-新築に基づく評価がランクA以上、表8-1-1に示す特定評価項目を満たすことが定められています。

　また、環境共生住宅先導型基準（戸建住宅）では、CASBEE戸建-新築に基づく評価がランクS以上、提案類型のうち、1つ以上について、高度で先導的な提案が求められます。

解説　CASBEE（建築物総合環境性能評価システム）：CASBEE（建築物総合環境性能評価システム）は、①ライフサイクルを通した評価ができること、②建築物の環境品質・性能 Q (Quality) と建築物の環境負荷 L (Load) の両面から評価すること、③環境性能効率 BEE (Building Environmental Efficiency)」によって、総合的に評価することの3つの理念に基づいて開発されました。CASBEEは、環境品質 Q (Quality) と建築物の環境負荷 L (Load) の各項目について、レベル1（1点）〜5（5点）の5段階評価でそれぞれ採点し、環境効率 BEE (Building Environmental Efficiency) を求めたもので、BEEによる総合的な環境性能の評価は、「Sランク（素晴らしい）」「Aランク（大変良い）」「B+ランク（良い）」「B-ランク（やや劣る）」「Cランク（劣る）」の5段階で格付けがされます。
（参考資料：一般財団法人建築環境・省エネルギー機構HP,http://www.ibec.or.jp/CASBEE/）

図 8-1-1　環境共生住宅のイメージ

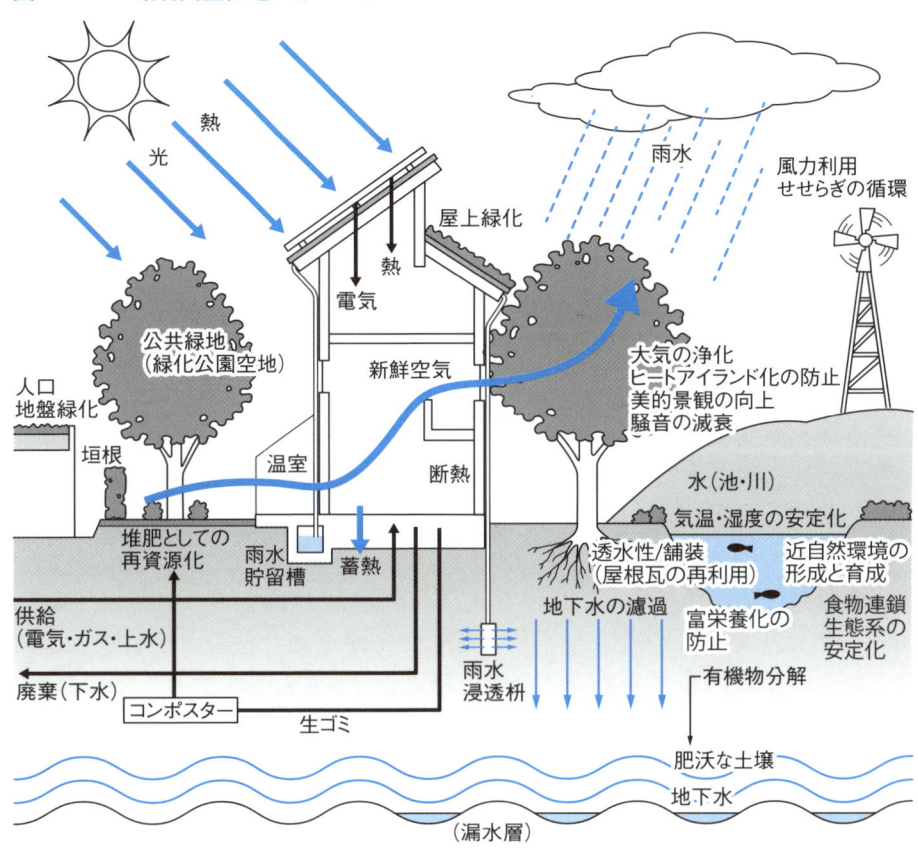

表 8-1-1　特定評価項目（4 類型 9 項目）

提案類型	必須要件
(1) 省エネルギー型	①高度な熱損失の低減 ②再生可能エネルギー等の利用
(2) 資源の高度有効利用型	③高度な耐久性 ④維持管理 ⑤水資源の高度有効利用
(3) 地域適合・環境親和型	⑥地域の水循環への積極的配慮 ⑦積極的な緑化 ⑧まちなみ景観への配慮
(4) 健康快適・安全安心型	⑨人の健康・環境に配慮した建材の使用の徹底

8・エコハウス

8-2 省エネハウス

●増え続けるエネルギー消費

　住宅におけるエネルギー消費は、生活の利便性や快適性を重視したライフスタイルの変化とともに、年々増加の傾向にあります。家庭におけるエネルギー消費は、冷房、暖房、給湯、厨房、動力・照明に分類されます。1965年と2009年の用途別エネルギー消費を比較すると、効率のよい設備機器が出てきたことなどから、給湯の割合が少なくなっています。一方で、家庭製品の普及や生活の多様化などにより、特に動力・照明の割合が増加していることがわかります（図8-2-1）。

　使用するエネルギー源は、1965年のころは石炭が35％を超えていましたが、その後灯油に代わり、電力、ガスで1/3ずつの割合になっていきました。2009年には家電製品の普及やオール電化住宅が増加したことなどから、電気の割合が全体の50％を超えました（図8-2-2）。また、エアコンや冷蔵庫、洗濯機の動力、照明やテレビといった家電製品の待機電力にも電気が使われています。2011年の東日本大震災後に東京電力福島第一原子力発電所が被災、火力発電所が一時停止したことによって供給量が不足し、計画停電や節電といった対策が取られました。家庭での生活も直接的な影響を受けるとともに、今後の日本のエネルギーの問題を多くの人が考えるべき状況になりました。

●省エネハウスとは

　省エネハウスとは、エネルギーをあまり使わずに、快適な環境を実現しようとするものです。快適な環境とは、夏涼しく、冬暖かい温熱的に快適であること、カビやダニの発生を抑え健康面に配慮した住まいといえます。そのためには、建物の断熱化、気密化、高性能な窓といった建物自体の性能を上げること、庇を設けて日射を遮蔽する、適切な通風の計画をたてるなど建築的な工夫をすること、高効率な設備機器を導入することなどで、冷暖房にか

かるエネルギーを削減し、カビの原因になる結露の発生を抑えることができます。

1999年（平成11年）に住宅の省エネルギー基準が改正され、次世代省エネ基準が定められました。㈶建築環境・省エネルギー機構では、次世代省エネ基準適合住宅の認定をしています。

また、住宅におけるエネルギー消費は、各家庭における一人ひとりの意識によって大きな効果を得ることができます。

図 8-2-1　用途別エネルギー消費の推移（1965年、2009年）

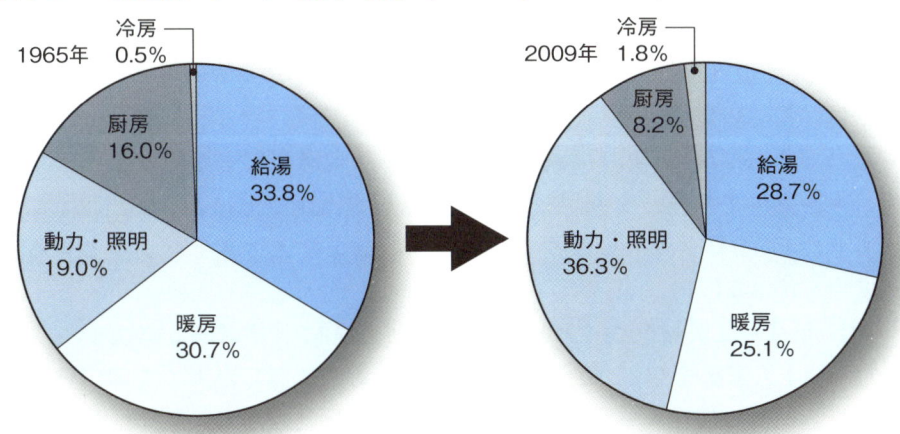

1965年
- 冷房 0.5%
- 厨房 16.0%
- 給湯 33.8%
- 動力・照明 19.0%
- 暖房 30.7%

2009年
- 冷房 1.8%
- 厨房 8.2%
- 給湯 28.7%
- 動力・照明 36.3%
- 暖房 25.1%

（出典：エネルギー白書2011　経済産業省エネルギー庁）

図 8-2-2　住宅におけるエネルギー源の推移（1965年、2009年）

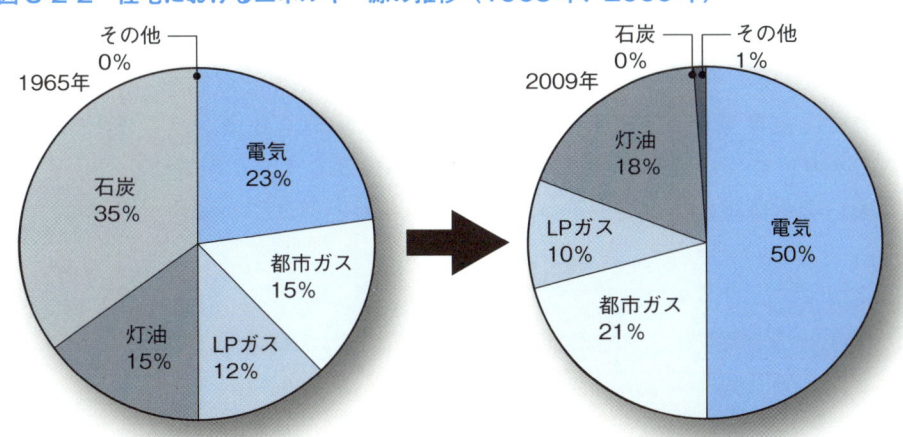

1965年
- その他 0%
- 電気 23%
- 石炭 35%
- 都市ガス 15%
- 灯油 15%
- LPガス 12%

2009年
- 石炭 0%
- その他 1%
- 灯油 18%
- LPガス 10%
- 電気 50%
- 都市ガス 21%

（出典：エネルギー白書2011　経済産業省エネルギー庁）

8-3 LCCM 住宅

● LCCM 住宅の考え方

　地球温暖化防止に向けて二酸化炭素（CO_2）排出量を削減することが求められていますが、住宅においては、高気密・高断熱化、設備機器の高効率化が進んでいるにもかかわらず、CO_2 排出量は増加しています。

　LCCM（Life Cycle Carbon Minus ／ライフサイクルカーボンマイナス）住宅は、住宅の建設、運用、解体、廃棄までのライフサイクルを通して排出される CO_2 をできる限り削減し、運用時には太陽光発電などによって太陽光、太陽熱エネルギーを利用して、その余剰エネルギーによって建設時に排出された CO_2 を返済することで、CO_2 の収支をマイナスにしようとする住宅です（図 8-3-1）。

　2011 年 2 月に茨城県つくば市に完成した LCCM 住宅デモンストレーション棟は、4 人家族を想定した実証住宅です。南側に面した大きな開口部が特徴的で、二重の層になった空間は熱的な緩衝空間となっています。開口部のルーバーによって、夏季は日射を遮蔽し、冬は日射を取得します。季節や気候、生活によって居住者が環境を切替える仕組みになっています（図 8-3-2）。

　2011 年 12 月から、LCCM 住宅の開発と普及の促進を目的に、新築の一戸建て専用住宅に対して、一般財団法人建築環境・省エネルギー機構による CASBEE（8-1 参照）の評価に基づいた「LCCM 住宅認定制度」が設けられました。認定基準は、CASBEE 戸建 - 新築に基づく評価がランク S または A であり、かつライフサイクル CO_2 排出率によるランクが緑☆☆☆☆☆（5 つ星）または緑☆☆☆☆（4 つ星）であるものとされています（表 8-3-1）。

図 8-3-1　運用時のLCCM住宅のコンセプト

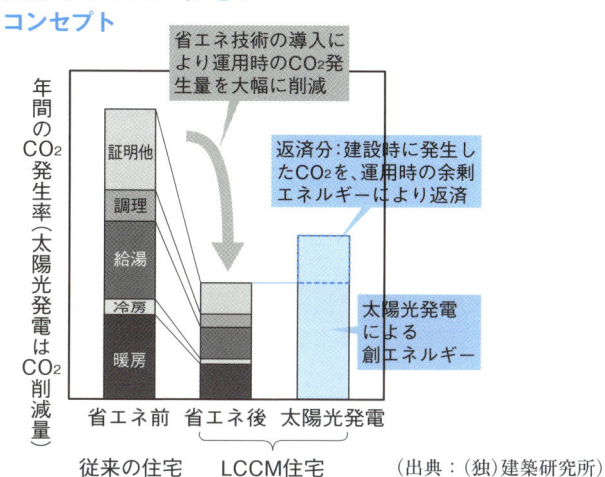

年間のCO₂発生率（太陽光発電はCO₂削減量）

- 省エネ技術の導入により運用時のCO₂発生量を大幅に削減
- 返済分：建設時に発生したCO₂を、運用時の余剰エネルギーにより返済
- 太陽光発電による創エネルギー

（省エネ前：証明他／調理／給湯／冷房／暖房）
従来の住宅　／　LCCM住宅（省エネ後・太陽光発電）

（出典：（独）建築研究所）

図 8-3-2　LCCM住宅デモンストレーション棟

（写真提供：（独）建築研究所）

表 8-3-1　ライフサイクルCO₂排出率によるランク

排出量	低炭素化に関わる性能水準イメージ	ランク表示
100％を超える	非省エネ住宅	緑☆
100％以下	≒現在の新築住宅の一般的なレベルの住宅	緑☆☆
75％以下	≒建物や設備の省エネ、高耐久などの積極的な取り組みで達成できるレベル	緑☆☆☆
50％以下	≒建物や設備の省エネ、高耐久などの積極的な取り組み、一般的規模の太陽光発電を設置するレベル	緑☆☆☆☆
0％以下	≒規模の大きい太陽光発電の導入などにより達成できるレベル　例：LCCM住宅	緑☆☆☆☆☆

（出典：次世代省エネ基準適合住宅の評定　㈶建築環境・省エネルギー機構）

8・エコハウス

8-4 エクセルギーハウス

●自然の力を直接利用する住宅

　エクセルギーという言葉はあまり馴染みがないかもしれませんが、エクセルギーとはエネルギーや物質の持つ資源性を具体的に表すものといえます。
　一般に、環境に配慮した住宅というと、自然エネルギーを利用して発電して電気に変え、その電気を例えばエアコンに使って冷暖房に使用しますが、エクセルギーハウスでは、自然エネルギーを直接使います。エクセルギーハウスは、太陽光や風力など質の高い自然エネルギーをより有益に利用しようという考え方です。
　東京都小金井市に建つ「雨デモ風デモハウス」は、さまざまな自然の力を利用したエクセルギーハウスを体感できる環境配慮型モデルハウスです。夏は、雨水を床下の貯水タンクに貯めて、蒸発で冷やされた天井から冷たい空気が自然の風によって室内を冷やします。冬は、貯水タンクに貯めた雨水を太陽熱で温め、温水が室内を循環します。このような雨水冷房、太陽熱温水暖房、天井冷放射パネル、小屋裏通風扉などを設けて自然の力をそのまま利用しています（図8-4-1）。

●体感温度と表面温度

　また、人の体感温度は室温だけでなく、室内の周囲の壁、天井、床の表面温度によって左右されます。体感温度は、だいたい室温と室内の周囲の平均表面温度を合わせた半分といわれています。例えば、冬の季節、A室とB室の室温は同じ20℃で、部屋周囲の平均表面温度がA室は10℃、B室は18℃の場合、体感温度はA室が15℃、B室は19℃で4℃の差があり、B室が寒く感じます（図8-4-2）。表面温度を室温に近づけるためには、壁面や壁などを断熱することによって、温度差を小さくして体感温度を上げることができます。エクセルギーハウスは、この周囲の面温度にも着目した建物です。

図 8-4-1 雨デモ風デモハウス

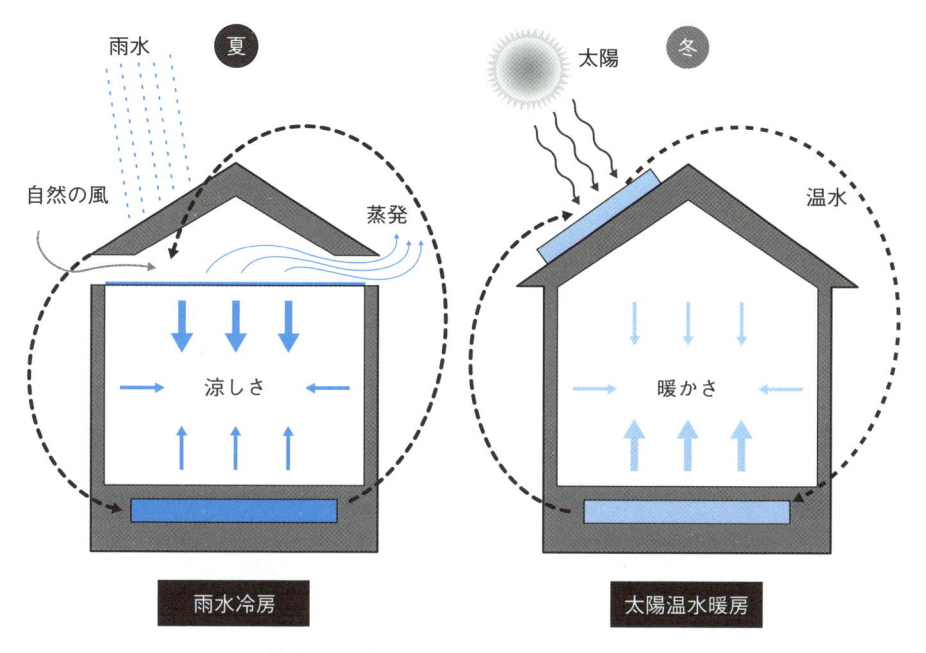

雨水冷房 / 太陽温水暖房

（出典：アルキメデス HP, http://homepage2.nifty.com/architecta/index.html）

図 8-4-2 室温と部屋周囲の平均表面温度の関係

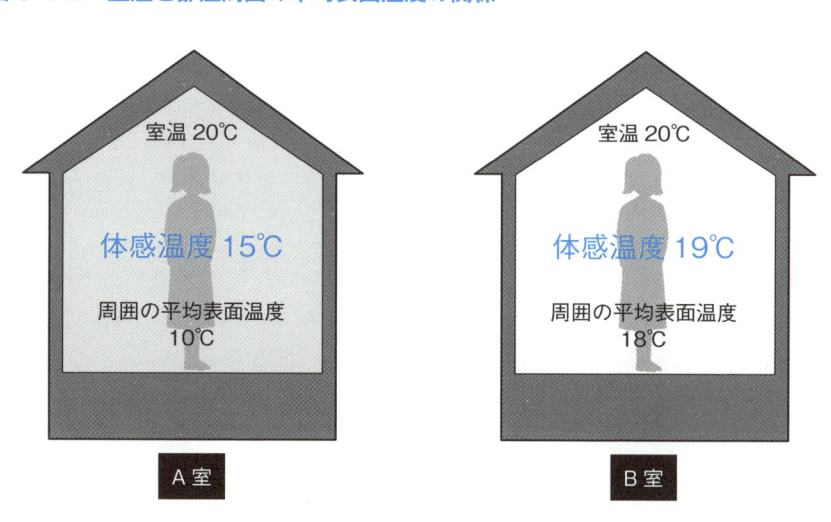

A室：室温 20℃、体感温度 15℃、周囲の平均表面温度 10℃

B室：室温 20℃、体感温度 19℃、周囲の平均表面温度 18℃

8-5 PLEA

● PLEAの考え方

　PLEA（Passive and Low Energy Architecture）は、ローカルな歴史や地域性、気候風土といった土地固有の特性を重視したパッシブデザインの国際ネットワークです。

　PLEA憲章（図8-5-1）をみると、その内容が明確ですが、自然と共生する人間の居住環境を、自然エネルギーを直接利用することでできるだけ低エネルギーに実現しようとするものです。PLEAは、バイオクライマティックデザイン（Bioclimatique Design）の考え方を引き継ぎ、キーワードの1つとなっています。bio（生物・生命）とclimatique（気候・風土）を直訳すると生物気候学的デザインとなりますが、常に人間と環境が相互に依存する関係であることを示し、自然のポテンシャルを活かした、地域の気候風土に適応したデザインを意味しています。

　PLEAは、1982年の第1回会議以来、1～2年ごとに開催され、日本では1989年に奈良で「地球環境と脱工業化時代の建築」、1997年に釧路で「寒冷地におけるバイオクライマティックデザイン」をテーマに開催されました。東日本大震災後の2011年は東京でローエネルギーなデザインについてシンポジウム「PLEA in JAPAN」が開催されました（図8-5-2）。どの会議もその時代ごと課題が取り上げられています。また、特定の専門家に限らず、「エコロジーで環境を配慮した建築・都市計画を実践しようとする全ての人々の参加を求め」ていることも特徴の1つです。

　20世紀の過剰なエネルギー消費の時代を経て、さまざまな地球環境問題を抱える中、その時代の技術を駆使し、今後もさらに自然のポテンシャルを最大限に生かした地域特性に適応したデザインを創造することが求められています。

図 8-5-1　PLEA 憲章

ＰＬＥＡ憲章

- ＰＬＥＡは、エコロジーで環境を配慮した建築・都市計画を実践しようとする全ての人々の参加を求める。
- ＰＬＥＡは、Passive and Low Energy Architecture／パッシブで低エネルギーを活用する建築を意味し、建築の地域適合技術、環境設計技術、自然活用技術の開発と記録と普及を行なう。
- ＰＬＥＡは、自然と共生する人間居住環境を実現するために、建築デザイン、建築環境計画、都市計画上の最高水準の研究と職能の確立を期する。
- ＰＬＥＡは、建築と都市計画の分野において環境の質を論ずる学際的な場を提供する。
- ＰＬＥＡは、居住環境形式に関わる芸術、科学、技術の専門知識を共有しようとする。

図 8-5-2　PLEA IN JAPAN 案内用ポスター

8-6 バウビオロギーハウス

●コンセプトは巣としての住まいづくり

　バウビオロギーとは、「建築（バウ）」と「生命（ビオ）」と「学問（ロゴス）」からなるドイツの造語であり（図8-6-1）、日本語に直訳すると「建築生物学」となります。いい換えると「健康な住まいを求める新たな学問、建築生物学・生態学」で、健康住宅に対する1つの学問分野となります。

　ドイツにおいて「バウビオロギー＋エコロジー研究所」を主宰するアントン・シュナイダー博士がパイオニア的存在で、バウビオロギーを「住環境と人間との全体的諸関係についての学」と定義しています。すなわち、人間の本性と気候風土を科学するなかで、健康や環境に配慮し、人間味あふれた、「巣」としての住まいづくりを目指しています。

　バウビオロギーは1960年代にドイツで始まり、1970年代にオーストリア、スイス、オランダに広まり、1980年代になるとイタリア、イギリス、アメリカ、オーストラリア、ニューランドに広まりました。日本では2005年3月に「日本バウビオロギー研究会」が設立されています。日本の第一人者は、日本バウビオロギー研究会の発起人である前橋工科大学大学院准教授の石川恒夫氏です。

●鳥の巣づくりに学ぶ住環境

　鳥は、地場の素材を拾い集めてくるところからはじまります。雨や風を凌ぐために出入り口の向きを絶妙に変え、天敵から身を守るために住宅の軒下や岸壁に巣をつくります。自然の中で安全・安心かつストレスフリーな住まいをつくるのが、鳥の巣づくりといえます。このような概念もバウビオロギーの特長の1つといえます（図8-6-2）。

● 25の指針

　バウビオロギーという思想において、生物学的な建築による健康な住まい

づくりへの 25 の指針とバウビオローゲ（建築生物学者）の果たすべき課題が提唱されています（表 8-6-1）。

図 8-6-1　バウビオロギー

バウ（建築） ＋ ビオ（生命） ＋ ロゴス（学問） ＝ バウビオロギー（建築生物学）

図 8-6-2　鳥の巣づくりに共通するバウビオロギーの概念

鳥の巣 ＝ 安全・安心 ストレスフリーな住まいづくり → バウビオロギーの概念

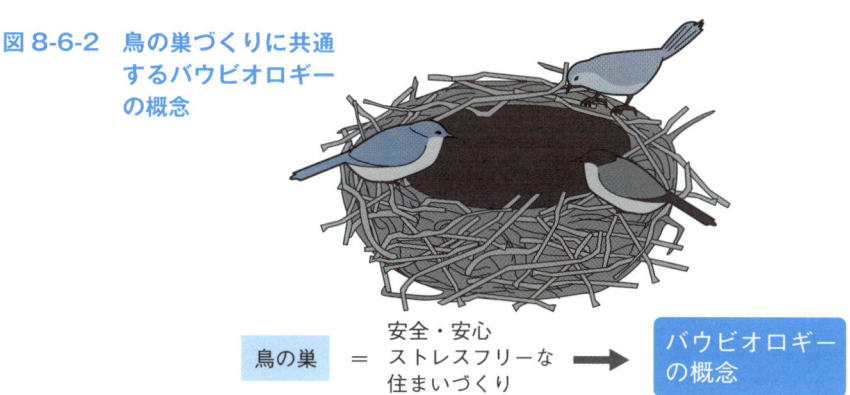

表 8-6-1　25 の指針

1. 建設敷地を吟味する	12. 新建築物件の湿気と建材の乾燥
2. 工業地帯の中心や幹線道路から住居地をはなす	13. 心地よい室内の匂い、有毒ガスを放出しないこと
3. 緩やかに分散した建築の風景、緑あふれるジードルンク	14. 色彩、照明、自然採光のバランスを
4. 自然とむきあう、個性的で人間的な住環境とは	15. 遮音、振動の検討
5. 自然建材を適材適所に	16. 高い放射能を示さない建材を用いる
6. 周壁面は呼吸できるように	17. 自然の大気電場を保持する
7. 室内の湿気を吸放湿性のある建材によって調整する	18. 自然地場を歪めない
8. 空気中の汚染物質を、建材の吸着性によって無害化する	19. 人工の電磁場をひろげない
9. 断熱、蓄熱のバランスを	20. 生命に必要な宇宙的・地上的放射線を変えない
10. 室内空気温度と周壁面温度のバランスを	21. 空間造形のための生理学的認識
11. 太陽エネルギーを有効利用しつつ、放射熱による暖房を	22. 調和的な尺度、プロポーション、フォルム
	23. 環境問題と製造エネルギー
	24. 限りある資源、貴重な資源の乱開発に歯止めを
	25. 社会に負荷を与えない

（参考文献：日本バウビオロギー研究会 HP　http://www.BauBiologie.jp/）

8-7 ゼロエネルギーハウス

●「消費」と「発生」でエネルギーゼロに

　地球温暖化の防止、電力供給に対する不安への対応のためにも、住宅においても省エネ、節電の重要性が増しています。そして今、ゼロエネルギーハウス（ZEH）が注目されています。

　ゼロエネルギーハウスは、太陽光発電システムの活用などによって、住宅を使用する段階でのエネルギー消費量が実質的にゼロになる住宅のことを意味します。実際に住宅で人間が生活するにあたり、まったくエネルギーを消費しない住宅を作ることは不可能です。そこで、住宅で消費したエネルギー量を、住宅で発生させたエネルギー量で相殺することで「ゼロ」とすることになります。エネルギーをゼロ化するためには、

　①住宅・設備の省エネ性能の向上
　②エネルギーの面的利用
　③再生可能エネルギーの活用

など、複数の対策を組み合わせていく必要があります（図8-7-1）。

●住宅・設備の省エネ性能の向上とは

　住宅の天井、床、外壁などの外装やガラスの断熱性能を高め、涼しい風が住まいの中を流れるように天窓など通風や換気がしやすい窓を配置する、空調に積極的に外気を利用する、照明器具などから発生する熱を最小限に抑えるといった工夫を指します。つまり、電力などのエネルギー消費量を最小限に抑えながら快適に過ごせる住宅にしていくことになります。

　こうした住宅に、燃料電池（エネファーム）などの創エネ設備、高効率給湯器（エコキュート、エコジョーズなど）、高効率エアコン、太陽熱温水器などを加えればさらに省エネが進みます。

●エネルギーの面的利用

エネルギー消費効率を1つ1つの住宅単位で最適に制御するのではなく、隣接する複数の住宅や建物で形成するエリア単位で最適に制御することを指します。例えば、コージェネレーションシステムなどの発電機器は1つ1つの建物がそれぞれ保有するよりも、隣接する複数の建物で共用した方がエネルギーの利用効率が高まります。

●再生可能エネルギーの活用

建物に太陽光発電システムや風力発電システムなど、自然エネルギーを利用した発電システムを導入し、そのシステムが発生する電力を利用することを指します。さらに最近では、一歩進めて、資材の製造・建設段階から、解体、再利用などまで含めて、住宅のライフサイクル全体の二酸化炭素（CO_2）排出量をマイナスにするライフ・サイクル・カーボン・マイナス（LCCM）住宅の開発も進められるようになっています。

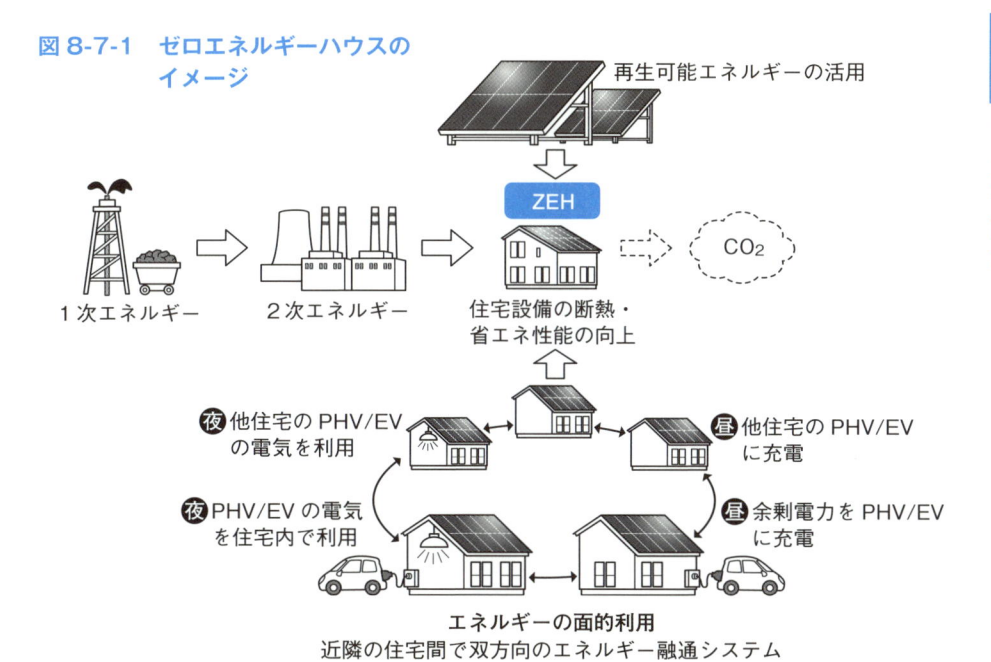

図8-7-1　ゼロエネルギーハウスのイメージ

再生可能エネルギーの活用

ZEH

1次エネルギー　2次エネルギー　住宅設備の断熱・省エネ性能の向上　CO_2

🌙他住宅のPHV/EVの電気を利用
☀他住宅のPHV/EVに充電
🌙PHV/EVの電気を住宅内で利用
☀余剰電力をPHV/EVに充電

エネルギーの面的利用
近隣の住宅間で双方向のエネルギー融通システム

8・エコハウス

8-8 スマートハウス

● IT活用でエネルギーを賢く使う「スマートハウス」とは

　スマートハウスとは、1980年代にアメリカで提唱された住宅の概念であり、IT（情報技術）を使って住宅内のエネルギー消費を最適に制御し、生活者のニーズに応じたさまざまなサービスを提供する住宅になります。

　技術的には、ホームオートメーションを搭載した住宅であり、各年代における社会ニーズ、参入する企業のモチベーション、中核となる情報技術の変化などにより、さまざまな解釈がされています。したがって、1990年代ではインテリジェントハウス（IH）、マルチメディア住宅、2000年代ではIT住宅、ユビキタス住宅などと名称が変化しているが、基本的な概念は同じになります。

　具体的には、太陽光発電システムや燃料電池、蓄電池といったエネルギー機器、家電、住宅機器などをコントロールし、エネルギーマネジメントを行うことで、CO_2排出の削減を実現する省エネ住宅のことを指します。

　省エネ・創エネ設備を備えた住宅がエコ住宅であるのに対し、エネルギーマネジメントシステム（EMS）で最適化されたエコ住宅がスマートハウス（＝賢い住宅）ということになります（図8-8-1）。

図 8-8-1　スマートハウスのイメージ

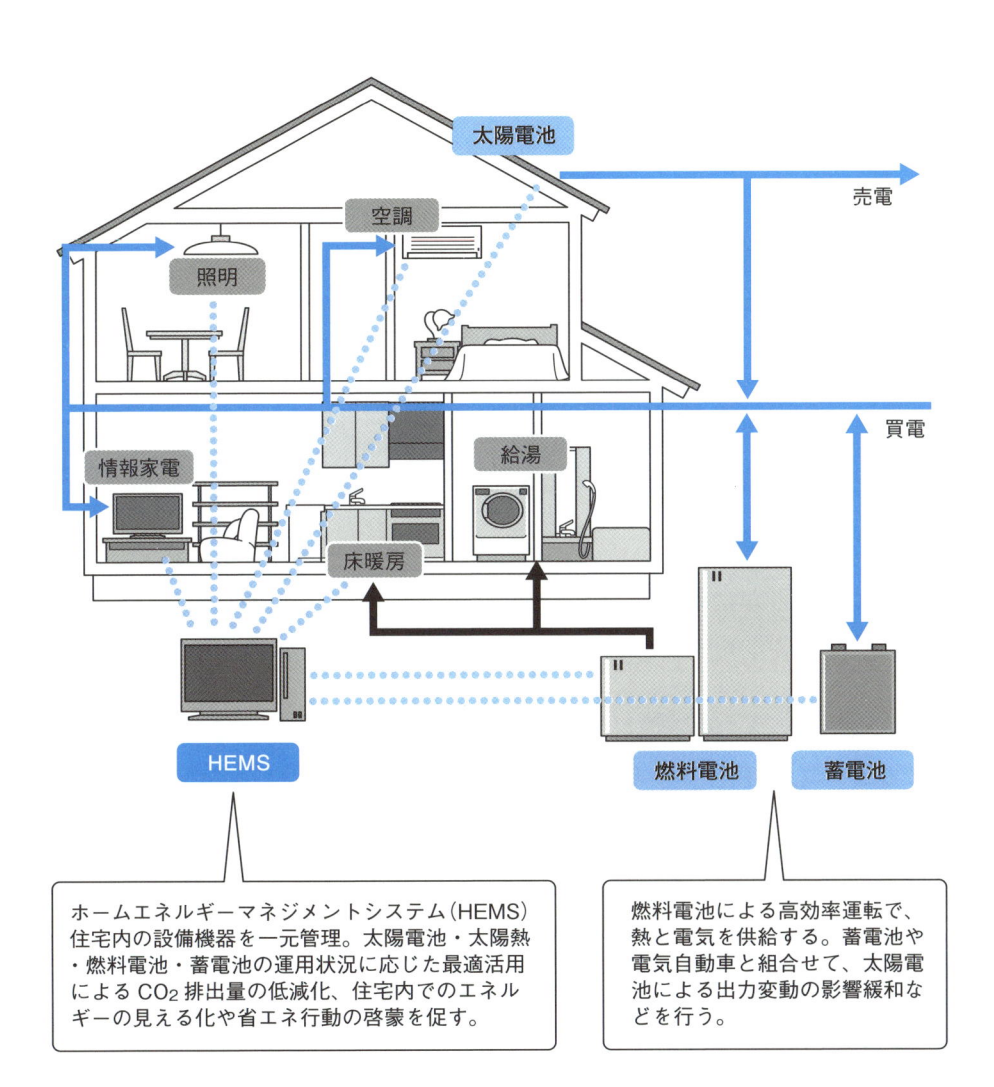

HEMS
ホームエネルギーマネジメントシステム（HEMS）住宅内の設備機器を一元管理。太陽電池・太陽熱・燃料電池・蓄電池の運用状況に応じた最適活用による CO_2 排出量の低減化、住宅内でのエネルギーの見える化や省エネ行動の啓蒙を促す。

燃料電池／蓄電池
燃料電池による高効率運転で、熱と電気を供給する。蓄電池や電気自動車と組合せて、太陽電池による出力変動の影響緩和などを行う。

8・エコハウス

8-9 自立循環住宅

●自立循環型住宅とは

　自立循環型住宅とは、すでに実用化あるいは製品化されていて、誰もが利用可能な技術や設計手法を用いて、気候や敷地特性など立地条件と住まい方に応じて極力自然エネルギーを活用した上で、建物と設備機器の選択に注意を払うことによって居住性や利便性の水準を向上させながら、生活時のエネルギー消費量を 2000 年頃の標準的な住宅と比較して 50％削減することができる住宅のことをいいます。

　この自立循環型住宅は、2002 年から 4 年間をかけ、住宅に関係するさまざまな分野の第一線級の研究者・技術者によって研究プロジェクトが進められました。その成果は『自立循環型住宅への設計ガイドライン』としてまとめられ、2005 年に㈶建築環境・省エネルギー機構（IBEC）から発行され、各地で講習会などを通じて普及が図られています。

●自立循環型住宅の設計に有効な 13 の要素技術

　要素技術は、「自然エネルギー活用技術」「建物外皮の熱遮断技術」「省エネルギー設備技術」の大きく 3 つのカテゴリーがあり、要素技術ごとに複数のレベルが設定され、それぞれのレベルのエネルギー削減率が算定されています。「レベル 0」が従来の仕様であり、「レベル 1」以上が推奨仕様となります（表 8-9-1）。

●ガイドラインテキスト

　自立循環型住宅へのガイドラインテキストは、省エネルギー基準における地域区分ごとに、比較的温暖な地域（Ⅳ地域）を対象とした『自立循環型住宅への設計ガイドライン 入門編』、蒸暑地（Ⅴ、Ⅵ地域）を対象とした『蒸暑地版 自立循環型住宅への設計ガイドライン』、準寒冷地（Ⅱ、Ⅲ地域）を対象とした『準寒冷地版 自立循環型住宅への設計ガイドライン』があります。

また、既存住宅を断熱改修するための実用的な技術情報として『既存住宅の省エネ改修ガイドライン』が、設計事務所や工務店などの住宅生産の現場に直接携わる実務者の方々を対象として発行されています。
　現在、ガイドラインテキストは、講習会を受講した人のみ購入が可能です。

表8-9-1　13の要素技術による目的と効果

	技術	目的	効果
自然エネルギー活用技術	自然風の利用	夏期夜間や中間期に外気を取り入れ、室内を涼しく保つ	冷房エネルギーを10〜30%程度削減できる
	昼光利用	昼間の明るさを住宅室内に取り入れ、人工照明の利用を減らす	照明エネルギーを2〜10%程度削減できる
	太陽光発電	日中に太陽光で発電を行い、住宅内で消費する電力を自己生産する	消費電力を29.3〜39.1GJ程度削減できる（東京の場合）
	日射熱の利用	冬期に開口部から日射熱を取得し、蓄熱して夜間に利用する	暖房エネルギーを5〜40%程度削減できる
	太陽熱給湯	太陽熱を用いて給水を予熱し給湯負荷を減らす	給湯エネルギーを10〜30%程度削減できる
建物外皮の熱遮断技術	建物外皮計画	室内と室外の境界における熱の出入りを抑制し、暖房設備の依存率を減らして室温を確保する	・部分間欠暖房の場合 暖房エネルギーを20〜55%程度削減できる ・全館連続暖房の場合 暖房エネルギーを40〜70%程度削減できる
	日射遮蔽手法	夏期や中間期に室内に入ってくる日射を遮り、室内を涼しく保つ	冷房エネルギーを15〜45%程度削減できる
省エネルギー設備技術	暖冷房設備計画	高効率な暖冷房システム・機器を選定し、設計する	暖冷房エネルギーを20〜40%程度削減できる ・温水式床暖房＋エアコン暖冷房の場合 暖冷房エネルギーを15〜25%程度削減できる ・セントラル暖冷房の場合 暖冷房エネルギーを15〜20%程度削減できる
	換気設備技術	要求性能に合った高効率な換気方式を選び、設計を工夫する	換気エネルギーを30〜60%程度削減できる
	給湯設備技術	適切な熱源方法を選定し、高効率な給湯設備を導入する	給湯エネルギーを10〜50%程度削減できる
	照明設備技術	適切な照明配置を行い、器具を選定する	照明エネルギーを30〜50%程度削減できる
	高効率家電機器の導入	家電の買換時などに省電力化された家電機器を選定する	家電エネルギーを20〜40%程度削減できる
	水と生ゴミの処理と効率的利用	水の有効利用と排水・生ゴミの効果的な処理を図る	節水型機器の利用により10〜40%程度節水できる

（出典：自立循環住宅への設計ガイドライン）

8-10 ソーラーハウス

●太陽エネルギーを有効に活用する住宅

　ソーラーとは、太陽の熱や光のことです。ソーラーハウスとは太陽熱を暖房、給湯に利用したり、太陽光により発電したり、住宅のゼロエネルギーを目指すものです（図8-10-1）。

　ソーラーハウスには大きく分けて2つあります。アクティブソーラーとパッシブソーラーです。機械設備、配管などを用い太陽熱を能動的に利用するのが、アクティブソーラーとよびます。それに対して、窓面を大きくしたり、蓄熱槽を設けたりという建築的な方法だけで太陽熱を利用するのをパッシブソーラーとよびます。

●太陽熱ソーラーシステム

　太陽熱集熱器は屋根に乗せ、蓄熱槽を地上に設置するのが一般的です。そして、集熱器と蓄熱槽の間を配管することで集熱回路を作ります。集熱回路の熱媒として不凍液などを用いる密閉式と、利用水をそのまま用いる開放式があります。

　太陽熱で集熱器が温められ、一定の温度に達すると自動的に集熱ポンプの運転が開始され、集熱回路の中の熱媒を循環させ、蓄熱槽にお湯を蓄えます。貯湯量300リットルでは、集熱器の面積は6㎡（集熱器3枚）程度となります。

●太陽光発電システム

　太陽光を発電するための太陽電池は電気的な性質の異なるn型の半導体と、p型の半導体をつなぎ合わせた構造をしています。太陽電池に太陽光が当たると、太陽光は太陽電池の中に吸収され、プラスとマイナスの電気をもった粒子が発生して各々自由に太陽電池の中を動き回ります。この電極に電球やモーターのような負荷をつなぐと電流が流れ出します。

図 8-10-1　ソーラーハウスのイメージ

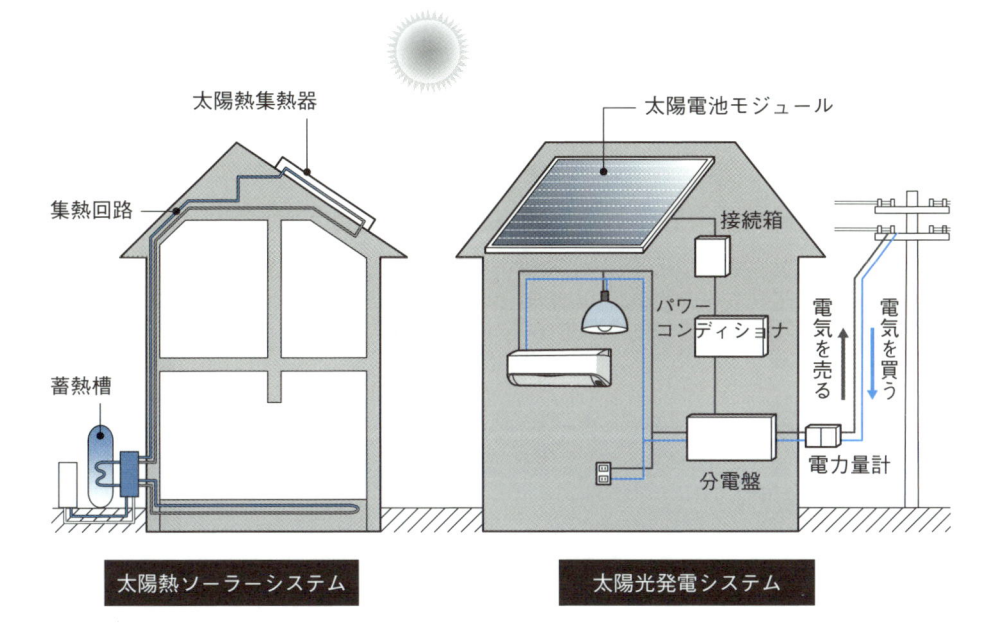

- 太陽熱集熱器
- 集熱回路
- 蓄熱槽
- 太陽電池モジュール
- 接続箱
- パワーコンディショナ
- 分電盤
- 電力量計
- 電気を売る
- 電気を買う

太陽熱ソーラーシステム　　　太陽光発電システム

> ⚠️ **エコは楽ではない**
>
> 　エコハウスの多くは、省エネルギーをしたり、エネルギーを作ったり、エコな素材を用いたりします。そのために、住まい手は、生活の中でエコハウスと関わることが必然的に多くなり、実は多くの手を掛けることとなります。そのため楽ではありません。しかし、家族みんなが参加して生活するようにもなり、家族としての良好な関係が生まれるでしょう。

8・エコハウス

用語索引

英字

dB（デシベル） 124
F☆☆☆☆ 46, 164
LCCM住宅 172, 173
Low-Eガラス 68, 69
MDF 56, 57, 58, 59
NC曲線 130, 131
PLEA 176
VOC 46, 162
ZEH 180, 181

ア行

アクティブソーラー 186
一酸化炭素（CO） 10, 11
インシュレーションボード 56, 57, 58, 59
ウインドキャッチャー 14
ウェーバー・フェヒナーの法則 124
内断熱 76, 77
打放しコンクリート 78
内張り断熱工法 88, 89
羽毛 54, 55
ウレタンフォーム 36, 37
エクセルギー 174
エコキュート 180
エコジョーズ 180
押出法ポリスチレンフォーム 50, 51
音のエネルギー 124
音の三要素 126
音の強さのレベル 124
音圧 124
音圧レベル 124, 125
音源 122
温室効果ガス 96
音速 122
音波 122

カ行

回折 122, 123
環境共生住宅 168, 169
干渉 122, 123
乾燥空気 96
機械換気 158, 159
吸音 134, 135, 140
空気線図 104, 112, 113
屈折 122, 123
グラスウール 36, 37
グリーンカーテン 14
クロルピリオス 156, 157
珪藻土 118
結露 26, 27, 104, 105
建築的手法（パッシブ） 22, 23
顕熱 98, 99
硬質ポリウレタンフォーム 52, 53
コージェネレーションシステム 181

サ行

再生可能エネルギー 181
再熱除湿 114, 115
サイレンサー 146
自然換気 158, 159
シックスクール症候群 152
シックハウス症候群 152, 153
湿り空気 98
遮音 136, 137, 140
遮音性能（TLD） 136
遮音等級（D値） 136, 137
弱冷房除湿 114, 115
遮熱 38, 39
充填工法 84, 85
周波数 122
消音 146

状態点	112
除湿	114, 115
シリカゲル	118
自立循環型住宅	184
スマートハウス	182, 183
制振	140
絶対湿度	100, 102
セルローズファイバー	54, 60, 61
潜熱	98, 99
相対湿度	26, 102, 103
相当隙間面積（C 値）	24
外断熱	74, 75
外張り断熱工法	90, 91

タ行

太鼓現象	142, 143
代謝量	10, 11
太陽高度	18
対流熱伝達率	30
炭化コルク	54, 56
断熱サッシ	70
断熱防水工法	86, 87
断熱補助	80, 81
地球温暖化	14, 98
調湿	118, 119
通気層	80
通気層工法	92
通気量	70
定常状態	40
低放射	68
透過損失	136
透湿抵抗値	110
透湿防水シート	64, 65, 80
等ラウドネス曲線	126, 127
トップライト	16

ナ行

内部結露	26, 108, 109
夏型結露	104, 105
中断熱	78, 79

鳴竜現象	144, 145
二酸化炭素（CO_2）	10, 11
24 時間換気	160
日射遮蔽	18
熱貫流抵抗	40
熱貫流率	32
熱橋係数	34, 35
熱線	12, 13
熱損失係数	42
熱伝達率	30
熱伝導抵抗	38
熱伝導率	28, 29
燃料電池（エネファーム）	180

ハ行

パーティクルボード	56, 57, 58
ハードボード	56, 57, 58, 59
ハイサイドライト	16
バウビオロギー	178, 179
パッシブソーラー	186
ビーズ法ポリスチレンフォーム	50, 51
ヒートショック	12
ヒートブリッジ	74
外部結露（表面結露）	104, 106, 107
表面熱伝達率	31
風力換気	158
フェノールフォーム	52, 53
複層ガラス	66, 67
浮遊粉じん	10, 11
フラッターエコー現象	144, 145
ブローイング工法	82, 83
ペアガラス	86
ヘルツ	122
防音	132
防湿気密シート	76, 80
放射温度	10, 11
放射熱伝達率	30
ポリスチレンフォーム	36, 37, 50, 51
ホルムアルデヒド	10, 11, 154, 155
ホルムアルデヒド発散建材	164, 165

マ行

マスキング 148, 149
マフラー 146, 147
木質繊維 54

ヤ行

羊毛 54, 55

ラ行

ロックウール 36, 37, 48, 49
露点温度 104

■**写真提供**

アセットフォー、日本健康住宅協会、硝子繊維協会、ロックウール工業会、発泡スチロール協会、押出発砲ポリスチレン工業会、クラボウ、フェノールフォーム協会、クリアスペース、東亜コルク、日本繊維板工業会、日本セルローズファイバー工業会、本州四国連絡高速道路、建築研究所

（順不同・敬称略）

■**参考文献**

『イラストでわかる空調の技術』中井多喜雄・木村芳子／学芸出版社、『絵とき 自然と住まいの環境』堀越哲美・大野秀夫・神谷清仁・松原斎樹・澤地孝男・土川忠浩・坊垣和明／彰国社、『温熱生理学』中山昭雄編／理工学社、『健康維持増進住宅のすすめ なぜ今、住まいの健康か』（財）建築環境・省エネルギー機構／大成出版社、『建築環境工学用教材・環境編』日本建築学会、『健康的で快適な住環境をつくる—住まいと暮らしのカレンダー—』菊浦吉蔵／オーム社、『建築設計資料集成 環境』日本建築学会編／丸善、『建築熱環境』坂本雄三／東京大学出版会、『最高の断熱・エコ住宅をつくる方法』西方里見／エクスナレッジ、『最新 建築環境工学 [改訂3版]』田中俊六・武田仁・土屋喬雄・岩田利枝・寺尾道仁／井上書院、『自立循環型住宅への設計ガイドライン エネルギー消費50％削減を目指す住宅設計』（財）建築環境・省エネルギー機構、『住宅の省エネルギー基準の解説』（財）建築環境・省エネルギー機構、『初学者の建築講座 建築環境工学』倉渕隆／市ヶ谷出版社、『初学者の建築講座 建築設備』大塚雅之／市ヶ谷出版社、『スラスラわかる断熱・気密のすべて』南雄三／日本実業出版社、『世界で一番やさしいエコ住宅』ソフトユニオン／エクスナレッジ、『世界で一番やさしい断熱』本間義規／エクスナレッジ、『南雄三流SuiSui わかる「結露」の本』南雄三／建築技術、『住宅特集2011. 5月号』新建築社、『エクセルギーと環境の理論』宿谷昌則／北斗出版、『地球環境建築のすすめ』日本建築学会／彰国社

（順不同）

■著者紹介
柿沼整三(かきぬま・せいぞう)
工学院大学工学専攻科建築学専攻修了、現在、ZO設計室代表取締役、東京理科大学・武蔵野大学非常勤講師、設備設計一級建築士、技術士(建築環境)。
著書に『建築断熱の考え方』(オーム社)、『建築環境設備ハンドブック』(オーム社)、『まちを再生する99のアイデア』(彰国社)、『最高に分りやすい建築設備』(エクスナレッジ)ほか多数。

遠藤智行(えんどう・ともゆき)
東京大学大学院工学研究科建築学専攻修了。東京理科大学工学部建築学科助手(現助教)、関東学院大学建築・環境学部建築・環境学科専任講師を経て、現在、同大学准教授、同大学大沢記念建築設備工学研究所所員。専門は建築環境・設備(主に空気・熱)分野。博士(工学)。
著書に『換気効率ガイドブック―理論と応用―』(空気調和・衛生工学会)、『換気設計のための数値流体力学CFD』(空気調和・衛生工学会)。

荻田俊輔(おぎた・しゅんすけ)
武蔵工業大学大学院工学研究科建築学専攻修了、現在、東洋熱工業株式会社技術統轄本部技術研究所主任研究員、関東学院大学非常勤講師、東京建築士会青年委員会副委員長、同環境委員会委員、同評議員、日本建築学会正会員、空気調和・衛生工学会正会員。設備設計一級建築士、建築設備士。
著書に『最高に分りやすい建築設備』(エクスナレッジ)共筆。

山口温(やまぐち・はる)
昭和女子大学大学院生活機構学専攻博士課程修了。現在、関東学院大学建築・環境学部建築・環境学科専任講師、博士(学術)、一級建築士。
著書に『建築設備システムデザイン』(共著、理工図書)、『最高に分りやすい建築設備』(共著、エクスナレッジ)。

●装丁	中村友和（ROVARIS）
●作図＆イラスト	片庭　稔、鶴崎いづみ
●編集＆DTP	ジーグレイプ株式会社

しくみ図解シリーズ
断熱・防湿・防音が一番わかる

2013年5月15日　初版　第1刷発行

著者／監修	柿沼　整三
著　　　者	遠藤智行、荻田俊輔、山口　温
発　行　者	片岡　巌
発　行　所	株式会社技術評論社
	東京都新宿区市谷左内 21-13
	電話　03-3513-6150　販売促進部
	03-3267-2270　書籍編集部
印刷／製本	株式会社加藤文明社

定価はカバーに表示してあります。

本書の一部または全部を著作権法の定める範囲を超え、無断で複写、複製、転載、テープ化、ファイル化することを禁じます。

©2013　柿沼整三、遠藤智行、荻田俊輔、山口温

造本には細心の注意を払っておりますが、万一、乱丁（ページの乱れ）や落丁（ページの抜け）がございましたら、小社販売促進部までお送りください。送料小社負担にてお取り替えいたします。

ISBN978-4-7741-5628-6 C3052

Printed in Japan

本書の内容に関するご質問は、下記の宛先まで書面にてお送りください。お電話によるご質問および本書に記載されている内容以外のご質問には、一切お答えできません。あらかじめご了承ください。

〒162-0846
新宿区市谷左内町 21-13
株式会社技術評論社　書籍編集部
「しくみ図解シリーズ」係
FAX：03-3267-2271